呵护孩子的心灵，
就是守护他们未来的无限可能

你就是孩子最好的"心理医生"

心理医师教你养出心灵健康的孩子

龚郁杏 著

北京理工大学出版社
BEIJING INSTITUTE OF TECHNOLOGY PRESS

图书在版编目（CIP）数据

你就是孩子最好的"心理医生"／龚郁杏著.
北京：北京理工大学出版社，2025.3.
ISBN 978－7－5763－4750－0

Ⅰ．G780

中国国家版本馆CIP数据核字第2025MV4574号

责任编辑：申玉琴　　　**文案编辑：**申玉琴
责任校对：刘亚男　　　**责任印制：**施胜娟

出版发行／北京理工大学出版社有限责任公司
社　　址／北京市丰台区四合庄路6号
邮　　编／100070
电　　话／（010）68944451（大众售后服务热线）
　　　　　　（010）68912824（大众售后服务热线）
网　　址／http：//www.bitpress.com.cn

版 印 次／2025年3月第1版第1次印刷
印　　刷／三河市华骏印务包装有限公司
开　　本／880 mm×1230 mm　1/32
印　　张／8.5
字　　数／160千字
定　　价／58.00元

目录

目录

方法篇

为孩子减压，成长为孩子的心理医生

目录

目录

实战篇

青少年心理难题的解决之道

目录

认知篇

警惕，别让心理问题「缠上」孩子

Chapter *1*

第一章

究竟是什么在"压垮"孩子

触目惊心的数据：
孩子的心理问题不容小觑

在许多人眼中，随着物质条件的日益丰盈，孩子们的世界应是充满欢笑与无忧的乐园。然而，现实却为我们绘制了一幅截然不同的画卷。心理问题，这个看似遥远的词语，已悄然成为笼罩在许多孩子心头的阴影。

世界卫生组织（WHO）的数据如同警钟，提醒我们：全球范围内，心理问题已导致12%的疾病负担，而抑郁症更是以其惊人的影响力，与46%的疾病紧密相连。

将目光聚焦于我国的青少年群体，《2022年国民抑郁症蓝皮书》中的数据令人心惊：青少年抑郁症的患病率高达15%~20%，其中一半患者为在校学生，更有41%的学生曾因抑郁而不得不暂别校园。中国科学院心理研究所的研究则进一步揭示了问题的严峻性，我国青少年的抑郁检出率高达24.6%，其中重度抑郁占比 7.4%。这一串串冰冷的数字背后，是无数颗亟待关怀的心灵，是无数家庭难以言说的痛楚。

　　作为每天奋战在临床一线的心理医生，我们见过太多被心理疾病困扰的孩子：他们面无表情，内心仿佛被厚厚的冰层覆盖，对一切都显得漠不关心；他们情绪失控、暴躁不安，像一颗随时可能爆炸的炸弹；更有那些默默承受痛苦、自我伤害的孩子，他们身上的每一道伤痕，都让人触目惊心。

心理问题的根源：
压在孩子心头的"三座大山"

　　面对如此严峻的现状，我们不禁要问：究竟是什么原因导致孩子出现心理问题呢？在与无数孩子深入交流后，我们发现，孩子们的烦恼主要源于三方面，它们就像三座沉重的大山，压在孩子的心头。

　　第一座大山，学习压力。

　　在这个竞争日益激烈的社会，学习成绩似乎成了衡量孩子成功与否的唯一标准。孩子们背负着家长的期望、老师的压力以及同龄人的竞争，不得不埋首于无尽的题海与考试之中。然而，并非每个孩子都能在这场竞赛中脱颖而出。当努力与收获不成正比时，挫败感与自我怀疑便如潮水般涌来，吞噬着他们的信心与希望。有的孩子甚至因此走上了极端的道路，用生命的代价来逃避这无法承受之重。

就像那名重点高中的孩子，在某次成绩公布之后，他无法接受自己的成绩和名次竟然选择了跳楼。幸好，他摔在花坛上，保住了性命。在被推进抢救室的时候，他还高喊："把我的课本拿给我，我要继续复习！"

这一幕，既让人心痛，又引人深思：同样的教育环境下，为何有的孩子能健康成长，而有的孩子却深陷心理困境？家庭因素常常在其中起着关键作用，这也是压在孩子心头的第二座大山。

第二座大山，家庭的影响。

家庭，本应是孩子最温暖的港湾，但在某些情况下，却成了孩子心理压力的另一个来源。朱莉·利思科特·海姆斯是养育革命的先驱，她一语道破天机：孩子的心理问题，根在父母，不在孩子。

试想一下，孩子们在学校的"战场"上经历了一天的鏖战，他们带着疲惫的身躯，像归巢的小鸟，渴望在家中找到一片宁静的天空，如果家长继续加码，严加管控，家庭会成为另一个"战场"，孩子的那份疲惫和压抑，怎么排解？孩子们的压力像雪球一样越滚越大，最后难免会出现心理问题。

我朋友的孩子今年上初一，成绩平平，爱玩手机，不善交际。每次父母想和他谈心，他就跟个闷葫芦似的，一声不吭。最让父母揪心的是，孩子还时不时把自己关在屋里，任谁叫都不应，所以父母很怕他在里面出什么事。我试着接近这个孩子，

你就是孩子最好的"心理医生"

想了解他内心的想法，可他根本就不搭理我。

我只能先跟朋友聊。我朋友说："如果再不努力，孩子恐怕连高中都上不了。"孩子的爸爸因为工作太忙，基本上没时间管孩子的教育，所以教育的重担都压在我朋友一个人身上。她虽然付出了很多，但她好像从来没能走进孩子的内心。这或许就是她教育上受到挫败的原因吧。

要帮助孩子，最重要的是打开孩子的心门。我试着跟孩子说："阿姨这儿有句话，可能是你一直想跟你妈妈说的。你想让我帮你转达吗？"他点了点头。我转向我朋友，说出了那句藏在孩子心底的话："妈妈，你是不是只关心成绩，不关心我？"话音刚落，孩子的泪水如决堤洪水般汹涌而出。他哭得那么伤心、那么痛快，仿佛要将所有的委屈和不满都释放出来。二十多分钟后，他才渐渐平复，开始跟我们交谈。他的情绪也是从这一刻开始往好的方向转变。

我们深知学习和成绩对于孩子成长的重要性，也很希望孩子能在学业上有出色的表现。但教育方式不同，效果会大相径庭。我朋友选择了说教和逼迫，这是较文雅的教育方式，也在无形中给孩子带来了沉重的心理负担。糟糕的是，有些家长甚至会采用打骂等粗暴手段，这对孩子心灵的伤害更是难以估量。

有一名高中生，每次考试成绩不佳时，总会遭到父亲的严厉斥责，被辱骂为"废物、没用的东西"。这些恶言恶语像尖刀一样刺入他的心灵，让他痛苦不堪。回想起小时候的罚跪和打手经历，他至今仍心有余悸。因此，每当考试临近，他总会陷入极度的紧张和恐惧之中，担心自己因为成绩差而遭受责罚。这种过度的紧张，如同一只无形的大手，紧紧扼住他的喉咙，让他经常喘不上气、心慌手抖。在考场上，他常常会大脑一片空白，那些平时会做的题目突然不会了，稍难一些的题目更是无从下手。长此以往，他的成绩逐渐下滑，压力与日俱增。最终，他因无法承受沉重的压力，选择了休学在家。而在家的日子，父子关系更紧张，甚至发生了肢体冲突。在某次激烈的争吵后，他摔门而出。父母又急又气，却找不到他，甚至想过报警求助。幸运的是，邻居将孩子送了回来。原来，孩子走上了天台，想要结束这无尽的痛苦！邻居在天台抽烟，恰好发现了这一幕，经过一番苦劝，终于将孩子拉了回来。如果当时天台上没有人，那么这又将是一起因学习问题、亲子矛盾升级而酿成的悲剧。

我们爱孩子，但若方式不当，就会变成伤害。爱，需要智慧、需要方法，让爱成为孩子成长的助力，而非孩子的负担。

第三座大山，人际关系。

青少年时期，自我意识的觉醒让孩子们格外在意周围人的看法与评价。这种"玻璃心"现象，让许多孩子变得敏感而脆弱，一句无心之言，一次不经意的冷落，都可能会萦绕在他们的内心，干扰他们的学习和生活。他们既在意别人的看法和评价，又喜欢对他人评头论足，这是青少年时期的典型特点，也是他们烦恼的主要来源之一。虽然语言轻飘飘，但常常会对孩子的心灵造成深远影响，不可轻视。

小皮是一名内向的高中生，他经常感觉自己活在一个"孤岛"上，没有朋友，独来独往。父母经常鼓励他去跟同学交往，但他总担心得罪同学，怕同学不喜欢自己。他为什么会有这样的心理呢？原来，他在上初中时，因为总感觉脖子不舒服，经常用手去托脖子，被同学看到了，并在背后议论他，说他古怪。虽然同学没有恶意，但是这种议论对他造成了很大的影响，让他觉得自己的一举一动都在别人的注视下，可能因为一个小动作而成为被嘲笑的对象。这种持续的自我关注与外界反馈的交织，让他的社交信心逐渐瓦解。到了高中，他依然难以摆脱那种被孤立、被议论的感觉。

小皮的案例并非个例，部分青少年会因为同学的无心之言或误解，在心中种下自我怀疑的种子。他们开始过度解读他人的眼神、语气，甚至是最微小的行为，这些都可能成为他们心理风暴的源头。在这样的心理状态下，即便是最轻微的批评或忽视，也可能被放大成对他们整个人的否定，进一步加剧他们的自卑和焦虑。因此，我们需要创造一个安全、包容的环境，鼓励他们表达感受，同时教会他们如何建立健康的自我认知，学会从多角度理解他人的意图，减少不必要的自我攻击。更重要的是，引导他们拥抱自己的不完美，跨越那道看似不可逾越的人际鸿沟。

此外，还有一种更为严重的人际关系困扰——隐形校园欺凌。这种欺凌行为给孩子的精神带来了巨大的压力和内耗，严重影响了他们的身心健康和学习生活。

有一位高中生，情绪很暴躁。比如，在运动场上，仅仅因为同学无意碰到了他的胳膊，他便怀恨在心，誓要狠狠报复。直到父母发现他购买刀具，才意识到事态的严重性，急匆匆地带他去寻求心理医生的帮助。在与孩子深入交流后，我们发现他暴怒的根源是小学时的寄宿经历。那时，他的沐浴露被舍友偷偷使用，他鼓起勇气向舍友表达不满，却遭到了舍友的恶意报复。舍友不仅否认了自己的行为，还从厕所刮来一堆黑色的污物，肆意洒在他的床铺上，甚至撕毁了他的作业。他心中充满了愤怒和恐惧，却无力反抗。他曾向父母反映过，父母却轻描淡写地告诉他："都是同学，小事情而已，不要那么小气，不要想那么多。"这些话，对于当时内心受伤的他来说，无疑是雪上加霜。几年过去了，那些痛苦的记忆仍然在他心中挥之不去。每每想起来，他特别恨当时懦弱的自己，也恨那些坏同学。因此，现在一旦有冲突，他绝对不忍让，还要加倍还回去。如果当初家长和老师能够意识到这种隐秘的校园欺凌，及时站出来保护他、支持他，他的内心就不用承受那么大的痛苦和委屈。那些积压在心中的怨恨和愤怒也就不会像现在这样，以如此激烈的方式爆发出来。

剖析千丝万缕的烦恼：
"三座大山"的连锁反应

我们把家庭比喻成鱼池，而个人就是池里生活的鱼。鱼池的清澈、温暖与平静，直接关系到鱼儿的健康与快乐。家庭对孩子的影响，体现在以下几个方面。

首先，家庭直接影响孩子的情绪行为。

如果家庭中总是充满争吵和冷漠，孩子可能会变得抑郁、焦虑，甚至恐惧不安。如果家长总是忽视孩子的内心需求，不允许他们表达情感，那么孩子就可能学会撒谎，用这种方式来保护自己。如果家庭中长期存在暴力，那么孩子很可能也会变得暴躁，甚至学会用暴力来解决问题。

其次，家庭环境在潜移默化中塑造孩子的性格。

在家庭中受到不公平对待、经常被指责的孩子，他们的性格可能会敏感和自卑；被过度溺爱、有求必应的孩子，则可能变得霸道、以自我为中心。这些性格的孩子，在学校集体中往往不受欢迎。他们可能会被同学孤立、议论，甚至成为被欺凌的对象。这些情况都可能增加孩子的人际关系压力。

再次，家庭常常是学习压力连锁反应的导火索。

孩子如果经常被家庭和人际问题困扰，心烦意乱，无法专注于学习，学习效率就会下降。长此以往，孩子对知识掌握得不够系统、基础不够扎实，学习会越来越吃力，学习压力与日俱增，这些最终可能导致他怕学、厌学和逃学。

而在这个时候，如果家长依然没有意识到问题的根源所在，反而采取错误的教育方式，比如讲道理、强迫孩子，就如同火上浇油，孩子会更加烦躁不安。孩子的情绪得不到真正的理解和疏导，他们可能会选择用玩手机、玩游戏等方式来逃避现实。有的孩子甚至会尝试用抽烟、喝酒、谈恋爱等方式来寻找心灵的慰藉。如果这些行为还是无法缓解情绪，或者因为这些行为与家长发生更多的冲突时，孩子很可能会走向极端。

家长们看清楚了吗？这一系列连锁反应，起点是在家庭。链条大概是这样的：家庭直接影响孩子的情绪、塑造孩子的性格—性格影响人际关系、影响学习状态—学习、情绪和人际关系压力交织后，孩子情绪失控—家长教育不当，孩子的问题升级，后果难料。因此，要切断这一恶性循环，必须从家庭做起。

亲子共长：
亲子教育的"金字塔"智慧

但是，家庭要如何改变？父母又该怎么调整呢？

经过多年的实践总结，我提出了亲子教育的"金字塔"理论。这座"金字塔"的底座，是父母自身的持续成长，这是"金字塔"屹立不倒的基石。拾级而上，第二层是家庭关系的和谐与稳固，它是中流砥柱，关系到家庭中每个人的幸福。第三层才是亲子教育。没有第一层和第二层的基础，亲子教育从何谈起？所以，父母自我成长，并为孩子营造一个充满爱的家庭环境，教育孩子才会变得容易一些。

或许有的家长会疑惑：明明是孩子出了问题，为何首先要反思和改变的是家长？

同是为人父母，我深信所有的家长和我一样，都是全心全意为孩子好。刻意伤害孩子的家长寥寥无几，但无意中伤害孩子的家长却比比皆是。也正是如此，才让人感觉痛心和惋惜：最爱孩子的人却变成了伤害孩子最深的人。许多真实案例也反复说明这个道理：父母的改变，是孩子改变的基础。

我曾遇到一名六岁的孩子，他在学校打人、违反纪律，被同学和家长反复投诉，学校只好建议家长把孩子领回家，找心理医生治好了再考虑复学的问题。家长非常苦恼：其实，孩子看心理医生已经有三年了。原来，这个孩子从三岁读幼儿园开始就出现了情绪行为问题，比如经常暴怒、咬同学、不遵守纪律。当时，幼儿园的老师也建议家长带孩子去看心理医生。因此，在上幼儿园的三年中，家长定期带孩子去做心理辅导。没想到，小学刚开学他又出现了这样的问题。

深入了解后，我们发现这是一个充满语言暴力与肢体冲突的家庭：妈妈常用恶言伤害孩子，爸爸则会动手打孩子。在这样的环境下，孩子的每一次愤怒和失控，其实都是他内心的呐喊和求救。他需要的不是被指责和教育，而是被看见、被理解、被疗愈。此前的心理治疗之所以失败，可能是缺乏了家长改变这个前提。因此，我们的干预重点转为改变父母。幸运的是，父母开始反思，学会了用爱与鼓励替代指责与暴力。短短一个月，这个"小斗士"就重拾了笑容与礼貌，重返校园。所以，孩子的改变，其实就藏在家长的每一次成长里。

家庭对孩子的影响，不仅是当前，更是以后，甚至是终身。很多大人的烦恼，可能也源自小时候家庭和父母的影响。我们通过一个大人的例子来说明这个问题。

一位全职妈妈，脾气暴躁，经常不能自控地对两岁的儿子发火，发完脾气又后悔。她觉得自己这样，都是因为家人的不理解。比如，家婆性格固执，两人因为孩子的教养问题经常发生冲突。丈夫忙于工作，夫妻两人沟通得比较少。每次丈夫看到妻子打孩子，就会不分青红皂白指责妻子。站在这位女士的角度，家婆和老公都有问题，需要调整。但在家婆和老公的眼里，这位女士的坏脾气才是家庭矛盾的关键点。这个矛盾怎么破？

原来，她来自农村家庭，是家里的老大，还有两个弟弟。她从小在父母的忽视和打骂中长大，内心充满了对爱和认可的渴望。小时候，她想通过好成绩、好好干活来争取父母的爱、避免指责。现在，她想通过孩子的配合来证明自己，获取家人的爱和肯定。一旦孩子没有表现好，她就会被指责，内心陈旧而强烈的怨恨被触发，导致情绪失控。表现好、避免指责、追求认可和爱，是她 30 多年来内心的渴求，言行都受这个内心需求的影响，但她自己没有意识到。通过心理辅导，这位妈妈正视了自己的内心渴求，并学会用更成熟的方式处理情绪。她发现，自己变得平和后，家人的关系都跟着缓和了不少。这再次印证了，我们的每一次成长和改变，不仅在影响孩子的现在，更是在塑造他们的未来。

所以，家庭是孩子的第一个课堂，而家长则是孩子最重要的老师。家长的每一次成长与改变，都是在为孩子的未来添砖加瓦。

总 结

孩子的心理问题不容忽视，学习压力、家庭影响和人际关系是压在孩子心头的"三座大山"。家庭对孩子的心理健康有着直接且深远的影响，是孩子成长的基石。父母的自我成长和家庭关系的和谐对孩子的教育至关重要。

家庭可能是爱的港湾，也可能是孩子压力的一个重要来源。

爱如阳光，不当则刺眼；智慧和方法，让爱不走样。

孩子的改变，其实就藏在家长的每一次成长里。

你就是孩子最好的"心理医生"

Chapter *2*

第二章

警惕！这些家长可能会伤害孩子

每次我们建议家长调整时，家长常常会感觉委屈：我们为孩子付出了那么多，为什么孩子不记得？反而我们偶然犯过的一点错误却让孩子耿耿于怀？其实，孩子并不是故意忘记父母做的好事，而是因为受特定的心理和记忆机制影响。

首先，我们更能记住伴有强烈情绪体验的事件。

挨打挨骂的经历，通常伴随着强烈的恐惧、愤怒、悲伤等负面情绪，这些情绪会增强相关的记忆。相比之下，父母做的好事可能在日常生活中更为常见和平淡，因此不容易留下同样深刻的记忆。

其次，孩子的记忆受到认知发展水平的影响。

在孩子小的时候，父母一把屎一把尿照顾孩子，很辛苦。但当时孩子还小，记不住。孩子慢慢长大，记事了，这个时候也有自我意识了，容易与父母在学习、生活习惯等方面发生冲突，那些不愉快可能就被记下来了。

再次，家庭环境和父母的教育方式也会对孩子的记忆产生影响。

如果家庭环境中经常存在打骂等负面行为，孩子可能会对这些行为产生更多的关注和警觉，从而更容易记住这些经历。相反，如果父母经常以积极、关爱的方式与孩子互动，孩子也会对这些正面经历产生更多的记忆。所以，为了帮助孩子形成更积极、健康的记忆模式，父母应以关爱、理解和尊重的方式与孩子互动，避免使用暴力或负面的教育方式。

那家长到底要如何成长呢？在了解"该做什么"之前，家长先要了解"不该做什么"：停止伤害孩子的言行。以下几种类型的家长，最容易伤害孩子的心理健康，特别需要调整。

你就是孩子最好的"心理医生"

暴躁型家长：
情绪风暴中的亲子伤害与修复

暴躁型家长最容易培养出有心理问题的孩子。暴躁型家长的情绪，就像暴风雨般猛烈而不可预测。而孩子则如同在狂风暴雨中瑟瑟发抖的小鸟，恐惧又无助。

比如，有一名 13 岁的女孩，正值无忧无虑的豆蔻年华，却经常失眠、情绪崩溃。妈妈认为，是老师讽刺和内涵孩子，才导致孩子出现情绪行为问题。她反复找老师交涉，并到处找心理医生治疗孩子。虽然老师已经调整，孩子也看了很多心理医生，但她的情绪问题仍无法根治。这位妈妈没有意识到，孩子情绪的症状就如同韭菜，根源是家庭问题。如果家庭问题不解决，如同韭菜的根部不除，症状永远"割"不完。

孩子跟我们说：医生，你其实应该看我妈妈，而不是看我。她举了几个例子来说明妈妈的问题。比如，妈妈在学校门口接她放学的时候，她稍微慢了一点，妈妈就当众扇了她一耳光。在车内，妈妈一边大叫一边哭泣，还把车开得飞快。当时她很害怕，也很担心妈妈，但又无能为力。这一幕在她脑海反复出现，像一场无法醒来的噩梦。更令人震惊的是，母亲为了监控她的一举一动，甚至在她的房间内安装了摄像头，拆除了门锁！孩子长期处于这样压迫与恐惧的环境中，情绪怎能不崩溃呢？

在深入了解后，我们才知道这位母亲也濒临情绪崩溃的边缘：丈夫意外离世，她独自照顾两个孩子，同时还要应对职场的挑战，身心俱疲。母女二人，就像两个同时溺水的人，自身不保，还纠缠在一起，相互影响，形成恶性循环。面对这样的困境，单凭医生的努力是无法治愈孩子的。因此，母亲的首要任务并非继续外寻答案，而是转为内省，关注并调整自己的情绪和行为，停止打骂、管控孩子。令人欣慰的是，当母亲自行调整、以更平和的方式与孩子相处时，亲子关系逐渐回暖，孩子的情绪也随之好转。

我想强调的是，在孩子成长的路上，哪位家长没有发过脾气、没有犯过错呢？我们无须做完美的、永不犯错的父母，而是要做成长型的父母。当父母意识到自己的不足时，应有勇气及时调整，并积极修复与孩子之间的关系裂痕，这样才能避免让偶尔的过失，在孩子的内心留下长久的伤痕。

你就是孩子最好的"心理医生"

强势型家长：
以爱为名的控制

第二类亟须调整的，是那些过于强势的家长。

他们常常将"我都是为了你好"挂在嘴边，无微不至地规划着孩子的学习与生活，却常常忽略了一点：过度的控制，剥夺了孩子自主选择与独立成长的宝贵机会，甚至导致孩子出现深层次的心理问题。

案例剖析：一位男士的困境。

有一位30多岁的男士，他从十几岁起就辗转于多家医院，反复治疗却始终未愈。某日，他来到我的诊室，希望做心理测试以了解自己的心理状态。然而，他刚走出诊室不久就匆匆折返，要求取消测试。他无奈地告诉我，他的父亲不同意他进行测试，理由是过去已经测过。我向他解释：心理测试的结果具有时效性，过去的测试并不能准确反映当前的心理状况。他显然理解这一点，内心也渴望做测试，但最后只能乖乖按照父亲的意思取消测试。他的无奈，是强势父母控制下的典型写照。

他很困惑："到底是我病了，还是我爸病了？"

他说，小时候由于没有经济来源，不得不在所有事情上都顺从父亲的意愿。如今，虽然他已经经济独立了，但父亲的身体不好，如果不听从父亲的安排，父亲可能会情绪激动，出现生命危险。因此，他还是要听父亲的安排。这种束缚让他感到极度苦闷却无法挣脱，甚至到现在也没有办法按照自己的想法去谈婚论嫁。

这对深陷控制与被控制旋涡的父子，一个控制，一个顺从，共同编织了一张细密的网。父亲的强势控制，或许曾是他保护孩子、确保孩子顺利成长的手段。但随着时间的推移，孩子可能变得依赖性强、缺乏主见，面对人生重大决策时缺乏自信和判断力。这种保护，目前可能只起到缓解父亲内心不安感的作用，对孩子实际的工作、生活反而有害。要改变这种局面，需要父子双方都能意识到这种模式的存在，并共同改变。家长要学会放手，要相信成年的孩子有能力独立处理自己的事情。同时，我们也建议这位男士要与父亲坦诚沟通，表达自己的感受和想法，并大胆捍卫自己的权利。只有这样才能打破这种控制与被控制的恶性循环，亲子才能各自获得自己的健康和幸福。

另外，还有一种强势的方式，它最隐秘又很常见——过度

你就是孩子最好的"心理医生"

说教。在这种喜欢输出各种大道理、灌输"心灵鸡汤"的父母面前，孩子似乎永远戴着"错误"的标签。亲子的对话，常常到最后都会变成父母正确、孩子错误的论证会。

有一位11岁的男孩，性格暴躁，经常与同学发生冲突，骂脏话，甚至用书本打同学。每次被教育后，他口头认错，但转身就忘。父母感到非常头痛，对此束手无策。与孩子建立信任后，他开始向我们吐露心声："我的爸爸妈妈总是大声斥责我，尤其是爸爸。"可话音未落，妈妈就急切反驳："你为什么不反省自己呢？你如果专心学习，不打架闹事，我们会说你吗？我们都快被你气死了……"妈妈说话就像开机关枪一样，滔滔不绝地吐槽孩子的种种"劣行"。孩子不再说话，头渐渐低下。

我们不得不打断妈妈，提醒她，她过于强势了，孩子是没有办法表达的。妈妈很惊讶：我没有强势呀，我只是在跟孩子讲道理而已。她以为只有打骂才是强势。其实，滔滔不绝地讲道理，也是强势父母的重要表现。我们建议，在孩子沉默、拒绝沟通时，家长别再长篇大论。因为当孩子抗拒我们之后，我们说再多也是徒劳，甚至会引起反感。当父母感到自己情绪激动时，也应避免教育孩子。因为在不良情绪的主导下，我们大部分的输出，都是在发泄情绪，甚至会在无意中说一些伤人的气话，根本起不到教育孩子的作用。所以，当情绪上头时，父母应先离场自行调整，避免拿孩子当出气筒。

然而，父母一开始并不接受我们的解释。为了让他们直观感受自己的问题，我们让孩子模仿家长。孩子稍作酝酿，突然大吼一声"妈妈！"把妈妈惊得一颤。接着，孩子又站起来，双手叉腰、凶神恶煞地瞪着爸爸。爸爸面对那个站起来比自己高的孩子，有点愕然，竟一时无语。到这一刻，父母才真正意识到自己在孩子眼中的形象。他们决定改变：爸爸承诺控制音量和情绪，生气时先离开；妈妈则表示要心平气和地说话，说话要有停顿，给孩子表达的空间。这个案例的结局也没有例外——父母改变一段时间之后，孩子就转变了。

心理边界模糊的家长：
别让孩子成为"工具人"

心理边界，这个概念在心理学中有着举足轻重的地位。它像空气一样，虽然我们看不见，却无处不在，深刻影响着我们与他人的互动。这个概念最初是由心理学家埃内斯特·哈曼特提出的，简单来说，心理边界是个体情感与行为领域的一道无形"界限"，它不仅界定了个体责任的范畴，也厘清了与他人的界限，使我们既能守护自己内心的领地，又能秉持对他人的尊重与理解。

在亲子关系的广阔画卷中，心理边界的模糊尤为引人深思。父母之爱，深沉而无私，往往不加任何条件，倾尽所有。幼时，父母是孩子世界的守护者，喂食、穿衣、无微不至，这份呵护让孩子成为他们生命中不可分割的一部分。然而，随着时光的流转，有些父母未能适时调整角色，忽略了孩子成长的脚步，仍试图按照自己的意愿塑造孩子的生活，这便是亲子间心理边界模糊的真实写照。对孩子而言，这是一种隐形的枷锁。

小花的故事是对这一现象深刻的注解。这位 16 岁的少女，一直以来都是学业上的佼佼者，背后是父母无尽的牺牲与期待。在家族中寻求认同的父母，将小花的成绩视为唯一的骄傲。于是，小花不懈奋斗，试图以优异的成绩回馈父母，为他们赢得荣誉。她牺牲了童年的欢笑与自由，换来了初中时的辉煌。然而，进入高手如云的高中后，现实的残酷让她难以维持昔日的辉煌。经过一年多的挣扎，小花终因压力过度而病倒。这一刻，她的父母才如梦初醒，意识到那份厚重的期望已化作孩子肩上难以承受的重担。他们从未有意将小花视为实现愿望的工具，只是小花的过于懂事与对父母期望的深切回应，让自己活成了完成父母心愿的"工具人"。

除了学习期待的"过界"外，还有一部分父母把孩子卷入了家庭矛盾的战争中。

小明的故事就是一个典型的例子。小明是个 14 岁的男孩，父母从前经常吵架，爸爸指责妈妈没有教育好孩子，妈妈则指责爸爸没有责任心。当妈妈情绪崩溃时，还会拿他出气。父母离婚后，妈妈会跟他数落爸爸的不是，让他打电话跟爸爸要钱。小明很烦，他不想参与大人的事情，但又怕妈妈不高兴。小明的妈妈可能没有意识到，她把孩子当成了自己的倾诉对象，甚至是与爸爸抗衡的工具。这种把孩子强行拉进大人的纠纷中，

你就是孩子最好的"心理医生"

就是心理边界不清的表现，也是这个家庭悲剧恶化的重要原因。

在家庭有形或无形的战火中，孩子往往无意中被当成了相对弱势那一方父母的"挡箭牌"或是"攻击工具"。

所谓"挡箭牌"，是在父母冲突升级时，一方利用孩子作为自己避免被攻击的借口。例如，当爸爸严厉指责妈妈时，妈妈说："你再跟我吵，孩子就会受影响了！"爸爸"投鼠忌器"，即便满腔怒火，也只能强忍下来，终止与妈妈的争执，这便是"挡箭牌"的作用。

而"攻击工具"，则是一方将对另一方的不满或指责，间接或直接传递给孩子。间接传递就像上述案例中小明的妈妈一样，在孩子面前诉说另一方的不是，甚至说"你跟你爸一个死样"这样的话。直接传递最典型的表现就是，夫妻争吵，拿孩子来撒气。这些做法都会让孩子承担本不属于他们的情感负担或怨恨，不仅无助于解决成人之间的问题，反而可能给孩子的心灵带来不必要的创伤。

在这样的家庭环境中成长，孩子还可能会用同样的方式去处理自己未来的人际关系，无论是友情、爱情还是未来的家庭关系，都可能不自觉地复制这种模式，形成一种不良的循环。因此，作为父母，要避免将孩子卷入成人的纷争之中，不要让孩子成为父母战争的牺牲品。

不仅父母会侵犯孩子的边界，有时孩子也会反过来过多地干涉父母的生活，小莉的故事就是一个典型的例子。

小莉是一名初二的女孩，无意中发现父亲出轨了自己好朋友的母亲。这件事情让她非常困扰，不知道该不该告诉母亲，也不知道怎么面对好朋友。她担心告密会导致家庭破裂，失去朋友。但如果不告诉母亲，又觉得对不起母亲。小莉经常陷入矛盾痛苦中，根本无心学习，学习成绩下滑明显。她慢慢变得敏感，觉得周围人不可信，便开始疏远同学和朋友。最后，在各种压力之下，小莉陷入了情绪的泥潭，无法自拔。

在日常生活中，孩子们经历的事情虽然没有小莉的故事那么极端，但孩子过多操心父母的现象也是很常见的。比如，有些父母喝酒，有些父母经常使用难听的口头禅，有些父母脾气暴躁、经常吵架等，这些家庭的孩子常常因忧心父母的事情而疏忽了自己的学习和生活。最后，孩子不但改变不了父母，而且自身的学习、生活也受到了严重影响。所以，在发现孩子有这类反向越界现象时，我们也要提醒孩子：父母的事情应该交给父母自己处理；作为孩子，做好自己的事情，就是对父母和家庭最大的帮助。

稀缺与泛滥的家长：
孩子成长路上的绊脚石

孩子成长，父母也要成长。父母需要根据孩子的年龄和成长需求，相应调整自己的角色和功能。父母管理孩子，调整的总体原则是：先多后少，逐步放手。

在孩子年幼的时候，父母主要扮演照顾者和保护者的角色。父母需要为孩子提供物质支持，比如吃、穿、住。更重要的是，父母需要给孩子提供优质的心理营养，给予孩子足够的爱和安全感，这是孩子一生心理健康的基础。尤其是在孩子3岁以前，是建立亲子关系的黄金时期。这时候，如果父母能多陪伴孩子，多抱抱他们，多陪他们玩，与他们建立深厚的身体、语言和习惯上的联系，那将会为他们未来的情感发展打下坚实的基础。

随着孩子逐渐长大，他们对这个世界充满好奇，也有了更好的实践能力，家长应尽可能让孩子去实践、尝试，让他们管理自己的事情。尤其对于进入青春期的孩子来说，他们更需要的是自由和试错的空间，而不是简单的陪伴。尽管他们的社会经验可能还不足，有时会显得幼稚或冲动，但他们渴望独立，希望在自己的生活中做主。即使犯错，他们也愿意通过亲身尝试来学习。此时，父母需要更多地扮演朋友和顾问的角色，与孩子建立更为平等和开放的关系。父母的支持和肯定，对他们来说远比空洞的说教更有意义。遗憾的是，有些家长在该陪伴的时候缺失，却在应该放手的时候过多管控。这种"稀缺"与"泛滥"的教育方式，无疑会将家长化作孩子成长路上的绊脚石。

下面讲一个真实的故事吧。小李的父母是成功的企业家，他们在小李年幼时忙于创业，将孩子留在老家由爷爷奶奶照顾，一年回去几次。每次离家前，他们都会和小李玩一个"躲猫猫"的游戏。然而，当小李藏好后，很久都等不来父母寻找。当小李出来后，常常会发现父母不见了，她就伤心地大哭。久而久之，小李对这个游戏产生了恐惧，也逐渐习惯了父母的缺席，慢慢就不那么想念父母了。小李上初中后，她的父母事业有成，便将小李接到了身边。父母发现，小李跟他们一点都不亲，沉默寡言，经常做噩梦。父母感觉很愧疚，想要弥补过去的缺失，便对小李百般关爱，有求必应，每天接送她上下学。然而，小李却觉得父母过于唠叨，把她当小孩子看待，处处干涉她，甚至连和同学外出都要定位跟踪。有时她心情不好，想一个人静静，父母却会以关心为由进入她的房间，与她交流、讲道理，想让她保持微笑。父母可能没有意识到，孩子在不同阶段需要的爱是不同的。小时候，她可能需要的是陪伴和照顾；而现在，她更需要的是自由和尊重。这种"刻舟求剑"式的弥补方式，对孩子来说反而成了一种负担，甚至是一种伤害。

所以，在孩子小时候，尤其在 9 岁前，父母可以多一点陪伴和呵护，因为父母的爱是一种不可替代的稀缺资源，是孩子心理财富的根基，也是亲子关系建立的黄金时期。而到孩子慢慢长大，进入青春期后，父母要"断奶"，不要过度管控孩子，足够的自由和支持才是青春期孩子所需要的爱。

总 结

由于受特定的心理和记忆机制影响，孩子容易记住家长做得不好的地方，家长要勇于调整、及时修复关系裂痕。暴躁型家长最容易培养出有心理问题的孩子，其次是过于强势的家长。心理边界不清晰的家长，容易把孩子变成家庭纷争的牺牲品。父母要根据孩子不同阶段成长的需求，调整爱孩子的方式。

Chapter *3*

第三章

塑造孩子健康心理的黄金法则

在探讨了父母"不该做什么"之后，父母也要知道自己最应该做什么。在多年的实践中，我发现对于教育孩子有四个黄金法则。做好这四个黄金法则，教育孩子会更得心应手。

亲子教育的核心：
建立良好的亲子关系

想要维护孩子的心理健康，有一条黄金法则不可或缺：和孩子建立良好的关系。

亲子关系究竟有多重要呢？如果把教育孩子比喻成建造大厦，那么亲子关系便是大厦的根基。唯有根基扎实，大厦才能稳固屹立。缺乏良好的亲子关系，家长说得再好，孩子也可能因抵触心理而不接受。相反，若亲子之间关系和谐，孩子将更易于接纳家长的观点与建议。

下面看一个高中生转变的故事。

这则案例我印象特别深刻。这是一位高中生的故事，他学习压力很大，晚上辗转反侧、难以入眠，情绪也起伏不定，时常暴躁不安。他妈妈为了给他创造更好的学习与休息环境，在学校附近租了一处房子。她暂停了自己的工作，整日陪伴在孩子的身旁。孩子学习时，她在旁边看书，默默守护着孩子。然而，尽管妈妈付出了这么多，孩子却似乎并不领情。他变得越来越封闭，不愿与妈妈分享心事，甚至连日常的交流都很难。每当妈妈试图多说一句，孩子便暴躁起来。妈妈心急如焚，却无计可施，只能带孩子去寻求专业的心理帮助。我们与孩子深入交流，并疏导孩子，孩子离开诊室后，情绪好转了很多。这位妈妈次日又回来问我们："你们到底跟孩子说了什么呢？孩子就诊完感觉舒服多了。"当她知道了我们疏导的内容后，感觉非常惊讶："这些话我都跟孩子说过了呀，为什么我说的没有用呢？"

其实，问题的关键并不在于我们说了什么，而在于我们与孩子的关系怎么样。很多家长跟这位妈妈一样，擅长讲道理，但没有注重跟孩子搞好关系，没有了解孩子的内心，沟通时是单向输出，所以孩子听不进去。我常常把输出观点比喻成播种，如果没有整理好土壤，就等于把种子撒在水泥地板上，根本不会生根发芽。而先让孩子接纳我们，就等于是整理好了亲子教育的沃土。有良田万亩，何愁没有收获呢？

那如何建立良好的亲子关系呢？

第一步：调整父母角色，成为孩子的朋友。

现在，因为学习和电子产品引发的亲子矛盾越来越多。不少家长不自觉地在家里扮演了副班主任或教练的角色，总想指导孩子，监督孩子，甚至强迫孩子学习。长此以往，孩子会觉得父母只关心学习，根本不是关心他们，然后就开始疏远父母，逐渐关闭亲子沟通的大门。

比如，孩子说：我很讨厌学校，不想上学了！作为家长，我们该怎么应对呢？

这个问题没有简单的答案，但有最重要的原则——调整我们的角色，做孩子的朋友。朋友，最重要的作用不是教育或批评，而是支持和帮助。变了角色，语言、表情、动作都会自然改变，无须刻意模仿别人。就如同我们在领导和下属面前、在长辈和晚辈面前，我们的角色不同，自然就会有不同的言行方式。

所以，我们可以尝试这样回应：哦，我知道你现在不想上学了。你是遇到了什么困难吗？你需要我做什么事情来帮助你吗？类似这样的表达，孩子会感觉我们正蹲下来，感受他的艰难和困惑，而不是高高在上讲道理，更不是责怪他，这样他才愿意跟我们倾诉。只有孩子愿意跟我们说心里话，我们才能成为孩子信赖的人，才能帮助到孩子。

第二步：减少说教，增加共情。共情是指理解他人感受，并对他人的处境做出适当反应。

举个例子：孩子说在学校被同学议论了，很不开心，家长该怎么开导孩子呢？

家长常见的做法就是开导孩子："不要想那么多，不要在意别人的看法，不理他们就行了。"然后说自己以前是怎么做的，

你就是孩子最好的"心理医生"

又是如何成功度过的。这就是典型的说教，也是把天聊"死"的常见原因。更令人郁闷的是，家长掏心掏肺的指导，却换来孩子的"恩将仇报"，他们疏远甚至仇视家长。

如果我们先共情孩子的处境与情绪，效果可能不同。比如，我们可以这样回应："那些同学怎么那么无聊，总议论别人呢？我也很讨厌这样的人！无缘无故被别人说，真的很难受！"孩子可能从这种共鸣中得到安慰，从而更愿意跟我们交谈。

接着，我们可以引导孩子讲述事件的经过。我们可以询问孩子："他们到底说了什么呢？"在孩子说具体事件的时候，我们不断给予支持和肯定。这种倾听中的支持威力是巨大的，就算我们不说任何道理，孩子的情绪也可能得到一定程度的缓解。

如果孩子的情绪还没有释放，我们还可以帮助孩子一起发泄。比如，和孩子一起"骂"那个同学，一起大喊，通过扔发泄球等方式进行宣泄。

等孩子的情绪稳定下来后，我们再跟孩子演练新的应对方式。比如，角色扮演，重现议论与被议论的现场，让孩子体会不同的角色和不同的应对方式。这样不仅可以帮助孩子缓解情绪，更能提高孩子的应对能力。同时，在一次又一次这样的沟通后，我们跟孩子的关系也会越来越好。

第三步：深化亲子陪伴的艺术。

跟孩子搞好关系，就像父母谈恋爱一样，俩人不经常在一起，如何培养感情呢？因此，我们需要注重对孩子的陪伴。陪伴，不仅是物理空间的共存，更是心灵深处的理解与扶持，是情感的深度交融。

有些家长，出于对孩子的深爱，毅然辞去工作，全身心投入家庭，专职陪伴孩子成长。然而，并非所有这样的牺牲都能换来亲子关系的和谐。例如，一位全职妈妈为孩子的生活与学习付出了极大的心血，从日常照料到学业规划，无微不至。但孩子步入初中后，她惊讶地发现，孩子对她充满了反感，甚至不愿与她共餐、交谈。这背后的根源，在于这位妈妈过于强势的管控，忽视了对孩子内心世界的理解与呵护。不恰当的陪伴，做多错多，反而伤害孩子更深。

还有些家长，因为工作忙等客观原因，让老人或保姆带孩子，或者早早就把孩子送到寄宿学校。等孩子长大了，家长也没那么忙了，才把孩子接回身边教育。这种陪伴的缺失，会对亲子关系造成难以弥补的裂痕。但每个家庭都有自己的困难，不能一概而论。我们的建议是，只要条件允许，请尽量多陪伴孩子。记住，陪伴的质量远比数量重要，心灵的贴近比物理空间上的共处更为关键。

那么，父母如何给孩子提供优质的陪伴呢？以下是一些小贴士。

设定"我们的时间"：设定一个特别的时间，排除一切外界干扰，和孩子一起玩游戏、读故事书或者去户外探险。

成为孩子的"超级听众"：当孩子跟你说话时，给他们一个大大的微笑，用眼睛告诉他们："你说的话很重要！"即使孩子向你发脾气，你也回应他们："你现在感觉很愤怒或很失望，是吗？虽然我还不知道发生了什么事，但我很心疼你，很希望可以帮助到你。"

爱的"小动作"：常常给孩子一个温暖的拥抱或者亲亲他们的额头，告诉他你有多爱他。这个动作，对于年纪小一点的孩子特别重要。你还可以留下爱的便签，比如，"宝贝，你今天笑得特别灿烂，妈妈很开心！"或者制作一个家庭相册，记录那些温馨的瞬间。

鼓励孩子"展翅高飞"：让孩子尝试一些新事物，即使他们可能会失败。告诉他们："试试看，没关系，失败也是成长的一部分。"

珍惜孩子的"独一无二"：了解并尊重孩子的个性，根据他们的兴趣和能力调整自己的期望。比如，你希望孩子成为一个阳光开朗的人，但孩子性格腼腆，不善言辞，那你就应该尊重孩子的个性，不强行要求孩子去社交，而是根据孩子的喜好，支持孩子的要求，帮助孩子找到适合自己的与人相处之道。

第四步：保持冷静，理性处理冲突。

最后，我想对每一位家长说，在处理与孩子之间的冲突时，务必要保持冷静和理性。在亲子关系中，难免会有冲突和分歧，因为每个人都有自己独特的想法和观点。但是，在发生冲突时，如果家长因情绪激动、说伤人的话或做冲动的事，会为辛苦建

第三章　塑造孩子健康心理的黄金法则

立起来的亲子关系留下深刻的伤痕。

总之，家长要先转换心态，这是转变的内核。心态变，言行自然会变。家长还要克制说道理的习惯，先去感受孩子的感受，并帮助孩子表达内心的感受，这样才能真正打开亲子沟通的大门。家长要尽量多陪伴孩子，尤其是在孩子小的时候。有冲突时，别发火，先让自己冷静下来，再与孩子进行平和的对话。

当然，良好的亲子关系不是一朝一夕就能建立的，也没有绝对正确、一成不变的方法。唯有不断探索，跟孩子共同成长，才能找到最适合自家情况的亲子相处之道。

说服孩子的艺术：
态度与方法的融合

　　一直以来，"听话"往往是好孩子的重要标准之一。很多家长去找心理医生，也常常是因为孩子不听话，他们很希望心理医生可以让孩子变得听话。

　　心理学大师华生曾经说过："给我一打健全的婴儿，我可以保证，在其中随机选出一个，训练成为我所选定的任何类型的人物——医生、律师、艺术家、商人，或者乞丐、窃贼，不用考虑他的天赋、倾向、能力，祖先的职业与种族。"

　　这位豪气万丈、全球著名的心理学家，似乎有着将孩子塑造成任何角色的能力。但最后，他将自己的孩子培养成什么样的人了呢？他的大儿子多次自杀未遂，最终 30 岁时自杀身亡。另外两个孩子，儿子流浪，女儿也抑郁，多次尝试自杀。连华生的外孙女也和妈妈一样，曾试图自杀！

所以，父母须重新审视"听话"这一教育理念。父母按照自己以为的"好"来强行塑造孩子，如同橡皮泥塑形，往往不是最好的教育方式。孩子听话，可能只是父母赢了；对孩子而言，却可能是一种遗憾。如果可以，父母尽量不要去说服孩子，而是要努力懂孩子，并让孩子遵从自己的内心，让孩子通过实践逐步修正自己的想法。

但有些情况下，父母还是需要说服孩子的，尤其是孩子做危险或错误的事情时。比如，一位16岁的女孩，经常到男同学家里过夜。父母为了阻止她，骂过她，也打过她。她不但不听，还越发叛逆，手机关机、拉黑父母，导致父母几天都联系不到她。又如，一位16岁的男孩，抽烟喝酒，逃课。类似这些情况，就属于父母需要说服孩子改变的范围。

那父母到底要怎么做才能说服孩子呢？

首先，一定要注意态度，这个是基础和前提，决定了沟通的成败。

孩子做得不好，甚至做错了，家长第一反应常常是着急、生气、失望。在这种感情的支配下，家长常常会对孩子大吼大叫，甚至动手打孩子。如果是这种开场，那后续无论家长再说什么，孩子都很难接受了。

我们是这样跟那位16岁的女孩沟通的。

孩子一副无所谓、挑衅的样子，我们先反馈："孩子，你爸爸妈妈很着急，但是你似乎不着急。"

你就是孩子最好的"心理医生"

孩子："是呀，我没觉得有什么问题。"

我们："嗯，可能是大人看到的问题和你看到的不同，所以他们着急，你不急。"

孩子："是呀，他们总认为自己是对的，什么都要听他们的，很难沟通。"

我们："嗯，他们可能只会讲道理，不懂你的内心。放心，我们不是你父母的说客。我们只是希望了解发生了什么事情，我们可以做什么事情来帮助你。"

孩子看到我们跟她的父母不同，不是一开口就指责或教育她，而是关心她的感受和需求，才转变了态度，并慢慢打开了心扉。我们了解到，这个女孩在学校遇到了很多不愉快的事情，比如被同学孤立、造谣，学习成绩下滑、被老师批评等。回到家里，她本来很希望得到父母的宽慰和支持，没想到父母还指责她小气、总想不开、学习不认真，她心里更难受。她也知道父母说得有道理，但最忍受不了的是父母的态度。她说，就算不去男同学家住，也宁愿睡天桥底下。所以，父母要注意跟孩子说话的态度，缓和亲子关系，这样孩子就愿意留在家里，减少离家出走或留宿同学家的风险。

很多家长，刚开始跟孩子沟通时是心平气和的。但在孩子不接受自己的观点，甚至出言不逊后，怒火便逐渐燃起。此刻选择停止争辩，可避免冲突升级。这并非家长的无能或退缩，反而体现了家长灵活变通的智慧。孩子不接受家长的观点，有可能是双方的认知不同频，没有对错之分。

比如，我的小孩在 5 岁的时候，认为这个世界上是有怪兽和奥特曼的。但是我先生觉得他很幼稚，想用各种证据说明世界上是没有怪兽和奥特曼的。在这件事中，到底是我儿子错了，还是我先生错了呢？其实双方都没有错，只是认知不同频而已。他们都想说服对方，其实都不太可能，反而因为这些没必要的争论导致双方不愉快。

所以，当我们感觉孩子在抵触时，就要衡量一下：自己所说的话到底适不适合孩子，是不是时机未到，是不是孩子的认知未到位？我们曾经也是孩子，也有过幼稚但又很执着的时刻，只是，我们似乎都淡忘了当时的感受和需求了。我们以为的叛逆或者幼稚，可能就是孩子最自然和平常的表现而已。

而且，让孩子过早接受大人的观点，也不一定是好事。比如，小孩子天生爱玩，他们觉得在公园里奔跑，和小伙伴们一起玩游戏非常开心。而一本正经地学习，辛苦刷题，真的太累、太压抑了。但有些家长会过早把竞争的意识植入孩子内心，让孩子觉得：学习是天底下最重要的事情，其他都不重要。你不学，别人学，那别人就会把你干掉。所以我们要努力，争取拿到好的成绩，把别人干掉，我们才有更好的学校和更好的未来。部分孩子从小就接受了这样的观点，并成功克制了自己玩的欲望和冲动，一心学习。到初中时，孩子会发现自己没有兴趣爱好，而一天到晚学习真的很累，难以坚持下去。这时，大人又

你就是孩子最好的"心理医生"

说：这不叫累，我们大人更累。然后，孩子就会觉得：从小累，长大也很累，那人活着有什么意思呢？因此，有些孩子就产生了厌学、逃学，甚至厌世的想法。所以，在兼顾学习的同时，应尽量让孩子做他们喜欢做的事情，尽可能给孩子自由的空间。只有真正享受过童年快乐的孩子，长大后才有心理资本去迎接挑战、接受挫败。

好态度还表现在遇到冲突时，家长立场坚定，态度温和。

比如，孩子想要某样东西，但我们无法满足他们，孩子会哭闹，亲子间容易产生冲突。我们不可能为了避免冲突，满足孩子的所有需求。我们在坚守立场时，也要尊重孩子的感受，并且允许孩子表达情绪，不能以暴制暴。但很多家长却刚好相反：态度很凶狠，行动却很无力。

有一次，我的孩子在超市看上了一款玩具车，我考虑价钱太贵，孩子可能玩几天就不玩了，所以决定不买。但孩子一定要买，不肯走，还大哭，躺在地上打滚。当时周围有不少人，有人劝我给孩子买下来算了。

在这种情况下，家长们会怎么做呢？息事宁人，买给他？不买，哭闹就揍他一顿？这两种做法可能是最常见的。

我是这样做的：温和地跟孩子说，我们现在买不了，你伤心的话，可以哭一会。然后，我在旁边安静地陪着孩子，不再说道理，不打不骂。他哭了半个小时，觉得没意思，就不哭了。这个时候我再抱起他，安抚他。回家后，我跟孩子说：妈妈知道你很想要那个玩具，但我没有买，真的让你很伤心，你可以哭。但每个人都有自己想要却又得不到的东西，我们可以攒点钱，以后再买，哭闹解决不了问题。从这件事之后，孩子很少再出现类似的情况了。

在亲子沟通中，保持开放和温和的态度，就像是拿着一张无障碍通行的护照，它能让亲子之间的对话更加顺畅无阻。而采用恰当的方法，则是那把能打开理解与共鸣之门的钥匙。它能帮助双方更好地倾听对方的心声，理解对方的感受，从而达到真正的沟通。亲子沟通，就像两家公司在谈判，我们要了解对手的底线，也要明确自己能接受的范围，争取两者平衡，实现双赢。

就拿一位中学生的故事来说吧。这位同学厌恶人类、厌恶学校，脾气很暴躁。她觉得周围的同学没情商、没边界、没文化，虽然很孤独，但她不想与现实中的任何人交往。她说家人从小到大都管控自己，甚至认为她的不开心都是装出来的。而家长的困扰是，孩子很难沟通，乱发脾气，不爱上学，爱玩手机。

家长们的底线清晰而坚定：孩子必须上学，这是他们作为父母的责任，也是他们对孩子未来的期望。然而，对于孩子逃避学校的真正原因，他们却知之甚少。他们简单地认为，手机是孩子厌学的罪魁祸首，只要没收手机，孩子就会乖乖地去上学。但实际上，孩子心中的痛楚源于对同学的不满、学习跟不

你就是孩子最好的"心理医生"

上。手机，不过是她用来暂时逃离现实苦海的避风港，是网络为她提供的解毒剂。没有对症下药，怎能期待孩子重返校园？

所以，父母的底线可能太高了，孩子目前还达不到。父母需要把期待先降低，一步步帮助孩子解决学习心态、学习方法、人际交往等难题，这样孩子才能健康起来，最后才可能重回校园。

以下是一套我们经常使用的策略，可以帮助亲子间达成共识，搭建沟通的桥梁，让爱与理解在家庭中流淌。

1. 倾听与理解

要成为孩子心声的倾听者，不仅意味着要捕捉孩子说的话，更要敏锐地察觉那些无声的语言——肢体的小动作、表情的微妙变化，这些都可能是孩子内心感受的反映。在深入理解孩子的需求后，要给予恰当的回应与满足，为沟通铺就顺畅的道路。

比如，面对孩子对兴趣班的抗拒，父母可以询问孩子："是不是觉得课程有点难，还是时间安排上有冲突？"这样的问题，不仅鼓励孩子表达自我，也让孩子知道，他们的感受和想法对父母来说是重要的。也只有这样，我们才知道对方的底牌是什么。没有理解并满足对方的需求，任何的说服都举步维艰。

2. 情感共鸣

在了解孩子的想法后，父母需要表达自己的理解和情感共鸣。这可以让孩子感受到被理解和支持，从而更愿意与父母分享自己的内心世界。

例如，父母可以说："你感觉去玩比去上课更有趣，不太愿意去上课，有点不开心是吗？确实，玩比上课更有趣，我们看看要怎么协调安排吧。"这样的对话既体现了父母对孩子的理解，又让孩子知道，父母并不是来强迫他们遵从的，而是愿意与他们一起面对问题、寻找共同的解决方案。也只有这样，孩子才会有意愿参与问题的讨论，亲子才有可能达成共识。

3. 细化事情，循序渐进，建立正向奖励制度

与孩子沟通时，我们时常会遇到双方要求有冲突的情况。此时，一个有效的策略是细化事情的具体步骤，并建立一个正向奖励制度。当孩子完成一个小任务时，给予他们适当的奖励和鼓励，让他们感受到成功的喜悦和努力的回报。

比如，孩子在睡前总是磨磨蹭蹭，不愿意去刷牙和睡觉。家长可以先细化睡前事项，包括关手机电视、收拾玩具、刷牙等。然后，与孩子一起制定一个奖励制度，如果孩子能够按时完成每个环节，就可以获得表扬或小礼物等。

4. 寻找共同点

在亲子沟通中，寻找共同点就如同搭桥梁，它能帮助父母和孩子跨越分歧，减少冲突，更容易达成共识。在日常生活中，我们可以观察孩子的喜好，参与他们的活动，这有助于拉近亲子之间的距离。在需要说服孩子的时候，寻找共同点就是要把我们希望孩子做的事情与孩子喜欢的事情相结合。

例如，父母希望孩子多参加户外活动，但孩子更喜欢待在

你就是孩子最好的"心理医生"

家里玩手机，怎么办？我们可以尝试找到户外活动和孩子当前兴趣之间的共同点。比如，我们可以介绍一些运动相关的游戏，或者一起参加户外探险活动，将运动与游戏结合起来。如果孩子对某些活动仍然不感兴趣，我们可以调整计划，让孩子决定活动内容，并把玩手机作为活动后的奖励。

希望这些策略可以让爱与理解在家庭中流淌，让每个孩子都能在做自己和迎合家长中找到最舒适的平衡点。

实践为王：
实践是最好的成长路径

在养育孩子的过程中，许多父母都会遇到这样的问题：有些事，我们已经说了无数次，为什么孩子就是不听呢？比如，我们一再告诫孩子，要养成良好的生活习惯：讲卫生、不拖拉、有责任感、懂得感恩。但现实往往是，孩子依旧我行我素，拖拖拉拉，对待事物漫不经心，更别提什么上进心和感恩心了。这究竟是为什么呢？

其实答案很简单，讲道理就如同水过鸭背，无论多少次，都不会留下太多痕迹。但实践，尤其是那种特别的经历，胜过千言万语，会让孩子刻骨铭心。

佛山每年都会举办一场盛大的 50 公里徒步活动。记得在我的孩子 11 岁那年，我们一同参与了这场挑战。那是一个晴朗的早晨，我们几个家庭一起，兴高采烈地踏上了征程。然而，刚

你就是孩子最好的"心理医生"

出发不久，孩子的脚就开始不舒服，可能是之前运动时留下的小伤在作祟。他提议在第一站签到时稍作休息，我同意了。但我们到达第一站后，其他同行的小伙伴都兴致勃勃地继续前行，孩子也答应一起走。

到了第二站，他终于坚持不住了，坐在地上一动不动。我知道他的脚很不舒服，就建议退出徒步，回家。但孩子就是坐在地上，不说话，不理人。其他人等了一会儿，就继续往前走了。我在原地等了孩子一个多小时后，他才重新站起来，继续前进。

那一路，我们走得异常艰难。孩子走得慢吞吞，我不得不搀扶着他前行。同时，我还背着十几斤重的背包，里面装满了水、食物和雨伞等必需品。我平时活动少，体力也不怎么样，加上孩子的体重有 100 多斤，大部分的重量都压在我身上，我的狼狈程度可想而知。但在整个过程中，我没有抱怨孩子，只关心他的脚痛不痛，他的体力状态怎么样，他有什么想法。我反复跟他说："你想坚持，妈妈陪你；但你如果想退出的话，妈妈也非常欢迎，因为妈妈也很累，很想回家。"但孩子没有放弃，我们从早走到晚，在路上 13 个小时。

事后我们复盘了整个经历。孩子说："其实开始时体力还好，就是没抓紧时间，还闹脾气，耽误了不少时间。"他还说，下次一定要找好自己的节奏，不能拖拖拉拉。这些领悟，可能比我说上好几年的大道理还有用。更重要的是，孩子在这个患难与共的过程中，也深刻感受到了我有多爱他。

从心理学的角度来看，实践之所以如此重要，是因为它与行为塑造和自我效能感密切相关。

行为塑造是指通过奖励和惩罚等手段来引导和改变个体的行为模式。正面的实践，可以强化孩子的良好行为，从而使其逐渐成为孩子的自发行为。同时，实践还能够提升孩子的自我效能感。

自我效能感是指个体对自己能否成功完成某一任务的信心和预期。当孩子通过实践成功地完成某项任务时，他们会感受到自己的能力和价值，从而增强自我效能感。这种自我效能感不仅能帮助孩子更好地应对未来的挑战，还能够提升他们的自信心和自尊心。因此，实践才是孩子成长的最佳路径。

我们如何在教育孩子中融入实践元素呢？最重要的是，家长要为孩子创造多元化的实践机会。实践机会可以在家庭中，也可以在家庭以外。

在家庭这个小天地里，隐藏着无数珍贵的实践资源，其中，做家务是最简单的实践机会。但遗憾的是，父母为了让孩子可以有更多的学习时间，没有培养孩子做家务的意识。父母为孩子付出了很多，最后却发现孩子不懂感恩，原因可能就是孩子缺乏实践，无法深刻体会父母的辛苦。

被誉为"千古第一完人"的曾国藩说过，一个家庭的兴败只看三个地方，其中一点就是看子孙有没有做家务。哈佛大学

你就是孩子最好的"心理医生"

学者曾经做过一项调查研究，得出一个惊人的结论：爱做家务的孩子和不爱做家务的孩子，成年之后的就业率为 15∶1，犯罪率是 1∶10。爱做家务的孩子，长大后离婚率低，心理疾病患病率也低。

那家长如何培养孩子做家务的习惯和技能呢？

1. 量力而行

我们可以跟孩子一起整理一份他能够做的家务清单，让孩子选择自己愿意做的一项家务。太难完成的或者孩子不愿意做的家务，往往不利于孩子建立做家务的习惯。尤其是动手能力差、年龄小的孩子，力所能及是最重要的。

2. 自由尝试，鼓励为主

在刚开始时，与其说是让孩子帮忙，还不如说帮倒忙。比如，让孩子洗碗，他洗得到处都是水，不但没有把碗洗干净，还可能把碗打烂。家长们可能会没有耐心，还不如自己三两下就洗完了。还有些家长可能会批评孩子，说："连个碗都洗不好，不知道你以后长大了还能做什么。"这样的话会严重打击孩子尝试的积极性和自信心。我们就算看不过眼，也要忍住，让孩子用自己的方式做完。孩子即使做得很不好，我们也要鼓励孩子。事情都是先开始，然后才一步步完善的。

3. 提供奖励

比如，用代币的形式，让孩子通过做家务获取相应的物质奖励。有些家长可能反对用物质来奖励孩子，担心孩子会因此变得功利。确实，我们应该培养孩子的感恩之心，让孩子明白做家务的重要性。但是，很多孩子对这些道理不理解，觉得玩比做家务更有趣，不愿意做，怎么办呢？我们可以在孩子还不懂或者不接受道理的时候，先用物质奖励作为动力，等培养了技能和习惯之后，或等孩子成长了，我们再跟孩子讲道理，这样他们才可能更理解我们的苦心。

但是，想让孩子养成做家务的习惯并非易事，尤其是在当前学习任务繁重的情况下。我们需要在内心把实践当成跟学习一样重要的事情，并记住：多放手，多鼓励。

家庭以外的世界同样为孩子提供了丰富的实践土壤。例如，去露营，让孩子自己动手做饭、搭帐篷等，锻炼他们的生存能力；参与体育竞技活动，锻炼孩子的体魄，培养他们的竞技精神和团队合作能力；参与大人的部分工作，让孩子接触现实社会，懂得生活的不易。

某个周末，我们带孩子去市场卖东西、体验生活。在活动开始之前，我们与孩子进行了详细的讨论，阐述了此次活动的核心目的：去市场上销售亲戚家剩余的床单，所赚取的利润将全部归孩子所有。

到了市场，孩子们最初是兴奋而略带紧张的。他们刚开始时只是羞涩地守在摊位前，好奇地观察着过往的行人，而行人也同样好奇地打量着这些小朋友。随着时间的推移，孩子们逐渐熟悉了市场环境，他们的天性开始展现出来，嬉戏打闹，甚至大胆地吆喝起来："快来看看呀，优质的床单，便宜卖啦！"虽然询价的人络绎不绝，但实际成交的并不多。

为了让销售更为有效，孩子们想出了一个新策略：他们排成一队，每人手持一张小床单样品，开始在市场中穿梭叫卖。虽然孩子们都很努力，但最终的销售数量有限，赚到的钱还不够吃午饭。这件事已经过去很久了，但孩子们仍记忆犹新，生活的不易可能已经刻在孩子们的内心了。

在实践过程中，也有需要注意的事项。首先，父母要确保实践活动的安全性和可行性，避免让孩子参与过于危险或超出其能力范围的活动。其次，每次在活动前都要跟孩子讨论并明确实践的目标和计划，这样才能有效地调动孩子的积极性，激发孩子的动力，促使他们更主动地投身于实践之中。最后要强调的是，实践是试错与反思的结合，不是追求胜利和完美。孩子遇到困难或挫折时，多鼓励孩子，跟孩子讨论优劣点，这样孩子才能在实践中不断成长和进步。

赋予意义：
激发孩子的内在动力

有时候，在教育孩子的过程中，我们可能会感到力不从心，仿佛面对着一头固执的牛，无论怎样用力拽都纹丝不动。然而，假如我们能转换一种策略，不再强行拖拽，而是尝试点燃他们内心的动力之火，那么，教育将会变得更加轻松且高效。正如口渴的牛自然会低头饮水一般，当孩子们的内在动力被激发时，他们也会自发地去探索、去学习。

那么，如何激发孩子的内在动力呢？首先，我们要深入了解孩子内心的两种强大力量——痛点与爽点。

1. 痛点：危机感与成长动力

"痛点"这一概念，源自我们面对危机时的强烈感受。想象一下，当你身处森林，突然有只老虎向你追来，你会怎么做？你会立刻感受到危险，那种怕被老虎吃掉的恐惧感会促使你拼

你就是孩子最好的"心理医生"

尽全力逃跑。同样，孩子们在成长过程中也会遇到各种"老虎"——那些他们不想面对，甚至害怕的事物。这些"老虎"可能是学习上的困难，也可能是人际关系中的挑战，比如被批评、被嘲笑、被孤立、被讨厌等。当孩子们意识到这些问题可能会给他们带来不利时，他们内心的"痛点"就会被激活，进而产生强烈的动力去寻求解决之道。

我小时候在农村，每天都要去田地劳动，非常辛苦。现在我还深刻记得在烈日下收割稻谷时的感受：浑身被汗水浸透，眼睛被汗水腌得通红，后背被晒得火辣辣的，手脚都被稻谷割得伤痕累累，又痛又痒。我妈妈跟我说，要想以后不种地，那就好好学习。这个是我成长中非常重要的痛点：不想同祖辈那样辛苦种地，只能好好读书。所以，我妈妈说一直没有管过我的学习，我也能主动学习。其实，她也管不了，因为她是一个连自己的名字都不会写的文盲。

现在的孩子，通常没有受过这种身体上的苦。他们受的更多的是精神上的苦，比如很压抑、没有自由、没有被肯定，常常成为很多孩子的"痛点"，这些都可以转化为孩子成长的动力。

我们家孩子不喜欢爸爸陪着写作业。因为爸爸非常负责任，常常搬个凳子坐在孩子旁边，时刻盯着。他会看孩子握笔的姿势对不对，写字的笔画顺序对不对，作业写得对不对。一旦发现孩子写得不好，爸爸就会立刻指出，让孩子马上擦掉重新写，弄得孩子很紧张。并且，由于反复修改，孩子写作业的时间多了，自由玩的时间就少了，这样让他们特别不爽。所以，我就跟他们说，如果不想爸爸陪，那就要管好自己。如果自己写好作业，老师也没有找家长，那爸爸就可以不陪。这个是我们家孩子自己写作业、自己管理自己的重要动力。

值得注意的是，危机感虽然能激发动力，但过度的压力也可能让孩子感到无力应对，会直接躺平或崩溃。比如，父母的打骂、同学的嘲笑，可能会让孩子产生心理阴影，陷入恐惧、自卑等情绪中，难以重新站起来。因此，在利用"痛点"激发孩子的动力时，我们需要把握好尺度，避免给他们带来过大的压力。

2. 爽点：成就感与行动力

与"痛点"相对应的，是那些令人心动的"爽点"。当孩子成功地解决了问题或满足了某种需求时，会得到一种愉悦感和满足感。这种愉悦感和满足感就是我们所说的"爽点"。

对于孩子们来说，这些"爽点"尤为珍贵。它们如同繁星点点，照亮孩子前行的道路。它们不仅代表着一种短暂的愉悦和满足，更是他们内心深处对于成就的渴望和追求。当孩子们通过不懈的努力，成功地解决了某个难题，或是实现了某个目标时，那种由内而外的成就感就像是一股暖流，温暖着他们的心灵，也激励着他们继续前行。

以周恩来总理为例，他在少年时代便立下了"为中华之崛

你就是孩子最好的"心理医生"

起而读书"的宏伟志向。这份志向不仅体现了他对国家和民族的深切关怀，更展现了他对个人成长的追求和渴望。而这份追求和渴望，正是源自他内心深处对于成就感的向往和追求。

然而，在现实生活中，很多孩子却感到迷茫和无助。他们觉得未来太过遥远，不知道自己长大了会做什么，也不知道自己应该追求什么。尤其是在当前这个瞬息万变的社会，科技的飞速发展、人工智能的崛起，都让他们感到前所未有的压力和挑战。

我们如何帮助孩子们找到属于自己的"爽点"，激发他们的成就感和前行动力呢？我们可以跟孩子一起设定一些具体、可行的目标，这些目标可以是学习、生活方面的，也可以是兴趣爱好方面的。关键是要让孩子们通过自己的努力，一步步实现这些目标，这样他们的成就感就会油然而生，从而激发出更多的前行动力。未来虽远，行则将至。

我小时候最重要的"爽点"就是奖励。因为那时我们比较穷，想买零食吃是很难的一件事。我爷爷说，如果我考试得了第一名，就奖励我两块钱。这个"巨额"奖金是我的"爽点"，也是我小学一直取得第一名的重要动力，从而为我日后的求学之路打下了很好的基础。我们家孩子，现在虽然吃喝不愁，但要买玩具和其他自己喜欢的东西，都需要自己努力争取。所以，我们也会设置奖金制度，让他们明白，学习和做事是为了达成自己的愿望，是自己的事而不是父母的事，从而让孩子变得更主动。

当然，孩子的学习和生活过程不可能一帆风顺。在孩子遇到困难时，我们也要及时伸出援手；在他们取得进步时，我们要给予赞美，这样孩子才会感到自己是被关注和重视的，从而更加珍惜每一次的"爽点"，也更有信心去面对未来的挑战。

3. "痛点"与"爽点"的结合：激发孩子的全面动力

我们如果将"痛点"和"爽点"相结合，将会更全面激发孩子的内在动力。

有朋友得知我们第二次徒步的事情后，她特别想知道：那几个11岁及以下的孩子，是如何坚持徒步13个小时的。其实就是用了"痛点"和"爽点"相结合的方法。

我们在徒步前就讨论了徒步的细节，包括整个路线的情况，需要准备的物资及其他注意事项。孩子们在讨论的过程中，就已经非常兴奋了，尤其是在讨论拿到奖金之后买什么这个环节。这个是"爽点"——动力。

我们家孩子比较胖，平时的活动量不大，所以走到中途的时候，已经显得体力不支了。最艰难的是，他感觉两条大腿内侧的皮肤摩擦，很痛，需要岔开两条腿走路。亲戚家的孩子虽然累，但短暂休息一下就又生龙活虎了。他们还一边走一边编故事，笑声不断，似乎很轻松愉快。我们家孩子在第一次徒步中，由于拖延了时间而没有走完全程，他一直感觉很遗憾。这一次，他不想再次掉队，不想再留遗憾，这个是他一直坚持走

你就是孩子最好的"心理医生"

完的"痛点"。

在"爽点"与"痛点"结合的激励下，孩子们完成了似乎不可能完成的任务。我也相信，孩子们在这13个小时中，学到了课堂内不可能获得的知识，终生难忘。

在激发孩子动力的过程中，我们还需要注意以下两点。

1. 尊重孩子的个性差异

每个孩子都有自己独特的个性和需求，我们必须尊重这些差异，因材施教，而不是盲目地将他们与他人相比较。比如，如果我们总是以邻居家孩子的学习成绩或才艺表现为参照，评判自家孩子的表现，这不仅无法激发孩子的内在动力，反而可能成为他们自信心的沉重枷锁。

尊重孩子的个性差异，意味着我们要深入了解他们，发现他们的独特之处。我们要相信，自己的孩子一定有其擅长的领域。比如，有的孩子天生对数字敏感，对数学充满热情；有的孩子则对色彩和形状有着敏锐的感知，对艺术情有独钟。但是有些孩子的优点没有那么突出，我们需要耐心等待和细心发现。

例如，阿尔伯特·爱因斯坦是理论物理学家，他的相对论彻底改变了人类对宇宙和时间的理解。然而，他在学校时，数学成绩并不突出，甚至被老师和同学认为是一个"笨孩子"。但幸运的是，他的父母并没有放弃他，而是鼓励他追求自己的兴趣。随着岁月的流逝，爱因斯坦逐渐显现数学天赋，并最终成为一位杰出的科学家。

2．用金钱奖励孩子，需要注意这种做法的负面效应

在现实生活中，我们有时会使用金钱作为激励孩子的一种手段。当孩子取得好成绩时，我们可能会给予他们零花钱来作为奖励；当孩子完成家务时，我们可能会用零花钱来作为报酬。然而，有个朋友提出了一个值得深思的问题："你们用金钱来奖励孩子，这样真的合适吗？这种做法真的能够长久地激发孩子的动力吗？"这个问题让我陷入了深深的思考。

过度依赖金钱奖励，确实可能会带来一些负面影响。比如，金钱奖励可能会让孩子产生"为钱而做"的心态，导致他们在没有金钱激励的情况下而失去动力。因此，我们需要注意：

首先，我们要清楚，奖励应该是为了鼓励孩子表现出某种积极的行为或达成某个具体的目标，而不是无原则地给予。金钱奖励的金额应该适中，因为过大的奖励可能会让孩子产生不切实际的期望，而过小的奖励则可能让孩子觉得不被重视。其次，除了金钱奖励，我们更应该注重给予孩子精神上的鼓励和认可。让孩子明白，他们的努力和成就不仅仅是为了获得金钱，更是为了获得成就感和自我价值的实现。并且，我们要时刻关注金钱奖励对孩子的长期影响。如果孩子开始表现出对金钱的过度追求或忽视其他重要价值，那么我们就需要重新考虑这种奖励方式是否合适了。最后，在孩子获得金钱奖励后，我们要鼓励孩子学会自主管理和规划自己的财务。这样，他们就能逐渐学会如何负责任地使用金钱。

总 结

　　调整父母角色，减少说教、增加共情，定期组织家庭活动，构建良好的亲子关系，是亲子教育的基础。想说服孩子，我们要保持开放温和的态度，倾听与理解，情感共鸣，并细化事情，建立奖励制度，寻找共同点。当然，孩子改变和成长最好的途径是实践。结合"痛点"与"爽点"的策略，激发孩子主动探索和学习的内在动力。

第三章　塑造孩子健康心理的黄金法则

方法篇

为孩子减压，
成长为孩子的心理医生

Chapter

第四章

情绪是人生的方向盘：
从认识到实践

情绪管理，是决定人生幸福的关键因素。情绪失控，常常导致人生失控。

　　心理学中有一个著名的"野马效应"，说明了情绪失控的破坏力是毁灭性的。"野马效应"的故事是这样的：非洲草原上有一种吸血蝙蝠，常在野马的腿上吸血。其实，蝙蝠所吸的血量很少，就像蚊子吸我们人类的血一样，根本不会对野马的生命造成影响。但是，当蝙蝠在野马身上吸血的时候，野马会非常愤怒，试图把蝙蝠赶走，并不停地奔跑。周而复始，野马不停愤怒，不停狂奔，最后被活活折磨死。

　　在现实生活中，很多人因为非常小的事情就情绪失控，感觉自己要爆炸，跟失控的野马一样，做出冲动的事情。很多悲剧就是在不良情绪的支配下，从小事开始演变，最后恶化到不可收拾的结果。

　　世界台球冠军路易斯·福克斯的故事就是一个很有名的例

子。1965 年 9 月 7 日，世界斯诺克锦标赛决赛在美国纽约举行，参加决赛的两位选手分别是路易斯·福克斯和约翰·迪瑞。开局没多久，路易斯就遥遥领先，胜券在握。

然而，就在路易斯准备一鼓作气拿下比赛时，一只苍蝇不经意间落在了母球上。起初，路易斯并没有在意，只是挥手赶走苍蝇。在他第二次俯身准备击球时，那只苍蝇又落回母球上，惹得观众们哈哈大笑。两次驱赶，都未能把苍蝇赶走，本来情绪平静的他开始火冒三丈，遂挥起球杆去打苍蝇。结果，这一杆不慎碰到了母球。按照比赛规则，路易斯就算已经击过球了，只能返回到自己的座位上。对手约翰·迪瑞上台，抓住这次千载难逢的机会，一口气把剩下的台球悉数击入球袋，最终获得了冠军。路易斯就是因为没控制住脾气而错失了本来已胜券在握的世界冠军。

现在的教育，多是"成功学"教育，孩子们都被鼓励拼命去学习，取得成功。但真正能脱颖而出、站到金字塔顶尖的人真的太少了，我们大多数人都只是普通人而已。只是很多家长和孩子并没有意识到这一点，一直固守着这个执念。他们只能赢，无法接受挫败，导致情绪屡屡崩溃。

比如，一位上小学三年级的孩子，因为数学考试得了 93 分就要走极端。他说他们班最高分是 95 分，自己不如他，所以未

你就是孩子最好的"心理医生"

来就没有希望了。他没有想过，2 分之差决定不了未来，因为未来还有无数的考试、无数的考验，可能有无数次的挫败，也可能有无数次的机会。因此，想让孩子平平安安、顺顺利利度过这一生，亲子教育中最不能缺失的一课就是情绪管理。

情绪认知：
"情绪卡片"练习

　　父母是孩子情绪产生的根源，也是孩子学习情绪管理的启蒙老师。然而，有些家长自己不认识情绪，不知如何照顾自己的情绪，又怎能帮助孩子识别、管理情绪呢？

　　举个例子吧。一位妈妈带 13 岁的女儿来就诊，说孩子不跟家长沟通。我们提醒她，家长需要变成那个值得沟通的大人，孩子才会跟我们沟通。这位妈妈说："我很愿意沟通的，虽然我现在刚刚生完二胎，还在坐月子，我公公婆婆都不管我，老公也忙着上班，我一个人带孩子，还要管这个大女儿，也常常失眠……"她一边说，一边流泪。我说："你确实不容易。"她说："没事呀，我没什么的，只要孩子好就行。"这位妈妈的情绪已濒临崩溃了，孩子甚至都在担心她了，但是她自己却一点觉察都没有。在这种情况下，孩子哪里还敢跟她说自己的抑郁焦虑呢？

所以，家长自身要认识情绪、学会管理情绪，才能给孩子提供稳定的情绪环境，防止孩子出现情绪问题，也可以在孩子出现心理问题时，更好地帮助孩子。

而管理情绪，从认识情绪开始。

"情绪卡片"练习，是认识情绪简单而实用的方法。在进行情绪卡片练习之前，我们需要准备一套情绪卡片。这些卡片可以在网上购买，也可以自己动手制作。如果自己制作，可以在网络上搜索情绪的相关词语，然后写到空白的卡片上。

情绪卡片上分别写有不同的情绪词语，如快乐、悲伤、愤怒、惊讶、恐惧等。每张卡片上还可以配上相应的表情符号或图片，以便孩子更直观地理解每种情绪。此外，还需要准备纸和笔，以便记录孩子的思考和发现。

具体练习方法：

1. 情绪的命名：认识情绪

让孩子从卡片堆中随机抽取一张情绪卡片，观察并大声读出卡片上的情绪词语，同时模仿或表达出相应的情绪。我们也可以轮流抽取情绪卡片中的一张，然后做出卡片上的表情或动作，让对方猜猜自己表达的是哪种情绪。

2. 情绪的感受：情绪给我们带来了怎样的感受？

情绪的感受包括身体感受、心理感受和行为表现。

比如，当孩子抽到"沮丧"卡片时，我们可以这样问孩子的身体感受："当我们沮丧的时候，身体会有什么感受呢？"孩子可能会说："我感觉身体发麻，头晕晕的。"

我们还可以这样问孩子的心理感受："那沮丧的时候，你的心里有什么感受呢？"孩子可能会说："我感觉心累，不开心。"

行为表现可以用肢体形式表达。亲子间可以相互模仿，或者用你做我看、我做你看的方法来练习。

3. 情绪的分析：情绪的来龙去脉

（1）我们在什么情况下有过这种情绪？

以"沮丧"卡片为例，我们可以问孩子："什么事情曾让你感觉沮丧呢？"孩子可能会说："我考试没考好，所以感到很沮丧。"

（2）是什么信念导致了这种情绪？

以"沮丧"卡片为例，我们可以问孩子："你为什么会沮丧呢？"这样的提问可以帮助我们挖掘出隐藏在情绪背后的信念。

孩子可能会说："我觉得成绩差说明我笨，没有希望了。"这就是导致他沮丧的信念。

我们还可以借助图表或游戏的方式进行复盘，把激发情绪的事件、情绪背后的信念罗列出来。

（3）在情绪的支配下，我们说了什么、做了什么？产生了什么后果？

把情绪支配下的言行显现出来，是挣脱情绪控制、做情绪主人的重要步骤。

比如，孩子说："沮丧的时候，我什么都不想说，什么都不

你就是孩子最好的"心理医生"

想做，学习也没有了积极性。"这样的后果，可能就是逃避学习，压力越来越大。

4. 情绪的调整：重塑认知行为

"情绪卡片"练习，我们的目的不仅仅是识别情绪，更重要的是调整情绪。孩子情绪的调整，主要是调整认知行为。而认知行为调整，就不得不提到著名的 ABC 理论。

情绪 ABC 理论是由美国心理学家艾利斯提出的，它认为激发事件 A（Activating Event）只是引发情绪或行为后果 C（Consequence）的间接原因，而引起 C 的直接原因则是个体对激发事件 A 的认知和评价而产生的信念 B（Belief）。因此，我们可以通过改变信念 B 来改变情绪或行为后果 C，如下图所示。

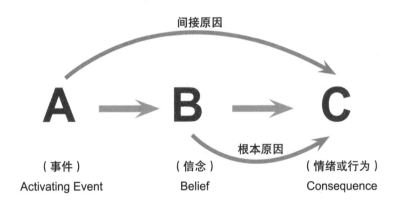

接着上面的这个例子，我们可以引导孩子进行信念评价与重构。我们可以问："成绩不理想，说明你笨吗？还有没有其他解释呢？比如，你可能还没有掌握学习方法？可能你不够努力？可能是考试时太紧张了？”我们可以帮助孩子看到事情的另一面，分析具体的改进方法，而不是只关注最终的结果。

我们还可以设计角色扮演游戏，让孩子扮演一个处于这种情绪状态的角色，而父母则扮演另一个角色与之互动。这样做，可以让孩子看到，对于同样的事情，不同的人可能有不同的想法，有不同的应对方式。这个练习也有助于提高孩子理解自己和共情别人的能力，为他们未来的心理健康和社会适应能力打下坚实的基础。

此外，我们还可以跟孩子一起练习情绪调节的其他技巧。例如，深呼吸、走路、听音乐或与朋友聊天等。

记住，在每次练习结束后，我们要与孩子一起回顾整个练习过程，并总结经验教训。总结内容包括：我认识了几种情绪？情绪对我们的身体、心理和行为有什么影响？是什么信念导致我有这样的情绪反应？如何调整我的信念？有什么方法可以帮助我调整自己的情绪？练习新方法后，我的情绪有什么变化？

情绪内核：
"生命轴"练习

情绪内核，简而言之，就是我们内心深处最本质的情绪体验和需求。我们的所感所需，根源往往深藏于我们所经历的无数事件中，如同密码般等待着我们去解锁。

"生命轴"练习，主要是针对家长的练习，可带领家长深入探索内心的情绪世界，以更清晰地认识情绪触发点和应对模式，进而更好地理解和管理自己的情绪。

"生命轴"练习的主要方法是回顾过去的人生历程，梳理那些对我们情绪产生深远影响的人和事。在这个过程中，我们不仅能够更加清晰地看到自己的情绪来源，还能逐渐明白这些经历如何塑造我们的情感世界，甚至如何影响我们的人生走向。

为什么过去的经历会深刻影响我们的现在和未来呢？这背后有着心理学和神经学的理论基础。

我们先从心理学的角度来讨论。首先，记忆与情绪之间存在着密切的联系。我们的大脑倾向于将带有强烈情感色彩的事件储存为长期记忆。这是因为这些事件对我们的生存和适应环境具有重要意义。当我们经历痛苦或难受的事情时，这些情绪会深深地烙印在我们的记忆中，使相关的事件和细节变得尤为突出和难忘。

其次，从心理防御机制的角度来看，人们往往会倾向于记住那些不愉快的信息，以便从中吸取教训并避免再次受到伤害。这种"负性偏向"是人类在进化过程中形成的一种保护机制，它使我们能够更好地应对潜在的威胁和挑战。因此，当我们经历特别难受的事情时，大脑可能会将其视为一种重要的威胁信息，从而加强对这些记忆的存储和巩固。

我们再从神经学的角度来探讨。当我们经历特别难受的事情时，大脑中的某些区域会被激活，这些区域与情绪处理和记忆存储密切相关。特别是杏仁核和海马体这两个区域，在情绪记忆的形成和巩固中起着关键作用。杏仁核负责处理情绪信息，而海马体则负责将情绪与相关的记忆信息进行编码和存储。当杏仁核被激活时，它会产生强烈的情绪反应，这种反应会进一步加强与海马体之间的连接，从而使相关的记忆信息得以巩固和存储。

此外，神经递质在情绪记忆的形成中也起着重要作用。例如，去甲肾上腺素和皮质醇等应激激素在经历难受事情时会增

你就是孩子最好的"心理医生"

加，这些激素会影响神经元的连接和突触的可塑性，从而加强相关记忆的形成和巩固。

这些理论是我们进行"生命轴"练习的重要科学依据。

"生命轴"练习主要包括四个重要的练习。

练习一：列出影响你的"那些人"。

请你在心中默想，那些在你的生命中留下深刻印记的人，他们或许是你的亲人、朋友、老师，甚至是曾经的恋人或陌生人。他们的一言一行、一举一动，都可能在你的心中激起波澜，成为你情绪波动的源头。请准备一张白纸，将这些人的名字在白纸的最左边写下来，在白纸的中间写下他们与你的互动经历，在白纸的最右边写下这些经历如何影响了你当时的情绪状态。

在列出这些人时，我们要尽量保持客观和全面，尽量不要遗漏任何一个重要的人物。在这个过程中，你可能会感到一些不适或痛苦，但这正是成长和疗愈的开始。只有当我们勇敢面对自己的过去，才能真正地理解现在的自己，并重塑不一样的自己。但如果你一个人无法面对这样的事情，那就请心理专业人员来陪同你完成。

比如，我们可以这样记录：

我的——（妈妈……）

她（他）的性格是——（很温和，很暴躁，很强势……）

她（他）是怎么对我的——（经常批评我，经常打骂我，不允许我做任何决定……）

在她（他）的影响下，我的感受是——（我常常感觉她不爱我，我常常感觉自己很没有用，我很想证明自己……）

这个练习可能会给我们带来什么样的感受呢？我们可能会发现，很多眼前的人，似乎是过去那个重要人物的"影子"。当前很多人际关系，可能是过往模式的重现。

以一位女士为例。她异常敏感，情绪容易波动。她的家人很困惑：为何她总是无缘无故地暴怒、哭泣，甚至频繁与人争执。背后的原因其实深埋于她的童年经历。她母亲除了体罚她，还常常用言语攻击她，贬低她的价值。年幼的她，无力分辨母亲的言辞是否真实，只能默默承受，认为自己确实不够好，不值得被爱。这种深深的绝望和愤怒，像一颗种子，深植于她的心底，逐渐生根发芽。如今，每当她与人在意见上产生分歧，或是面对一些讨论时，那颗心中的种子便会被唤醒。她会立刻感受到与小时候相似的伤心、绝望和崩溃。在这种情绪的驱使下，她很难理性地分析他人的言论是无理取闹，还是真的合理。她仿佛被一种无形的魔咒所笼罩，无法挣脱。

当我们开始自我觉察，意识到这种情绪背后的根源时，我们便能逐渐摆脱过去阴影的控制。这种觉察是改变的开端，它让我们有机会重新审视自己的情感反应，理解我们为何会如此敏感，为何某些情况会触发我们的负面情绪。通过这种练习，我们不仅能更深入地了解自己，还能学会更好地管理自己的情绪，避免被过去的阴影所束缚。

你就是孩子最好的"心理医生"

练习二：列出影响你的"那些事"。

接下来，我们需要列出那些对你情绪产生深远影响的事件。这些事件，可以是如同"水滴石穿"那么细微但持久的模式，也可以是如同核爆炸一样，虽然只发生过一次，却让我们的内心长期寸草不生。它们在你的情绪记忆中留下了深刻的烙印，影响了你对世界的看法和反应。

在列出这些事件时，尽量做到详细和具体，包括事件发生的时间、地点、人物、事件以及你的感受和反应。

比如，我们可以这样记录：

时间——（年、月，我小学几年级的时候，在某一个夜晚……）

地点——（在教室里，在路边……）

人物——（我和老师，我的爸爸妈妈……）

事件——（当时发生了什么……）

你当时的感受和反应——（我很害怕，我逃走了，我什么都不记得了……）

这个练习将有助于我们更准确地定位自己的情绪触发点和应对模式。我们可能会发现，虽然时过境迁，但我们现在的一些反应可能跟当时那件事情发生的时候一模一样。

比如，有一位女士，她在农村长大，住处房前屋后都是坟墓。那时，她的卧室只有一个高高的小窗户和一个门，光线比较暗。当地还有一个习惯，就是家里有老人的，都会准备一副棺材放在客厅里。小时候，她早上醒来，一睁开眼睛，常常发现周围没有人，整个房间的光线很暗。透过门缝看过去，就能看到客厅里面的那口棺材。她感觉很惊恐，但周围根本找不到人，呼叫没人应，有时吓得身体都无法动弹。后来，她长大了，已经离开了家乡，现在已将近 40 岁，但在睡觉似醒非醒的时候，她总会在恍惚间回到那个地方，身体马上就会出现心慌、胸闷，甚至喘不上气的感觉，觉得自己快要死了，恐惧又无助。在疗愈中，我们就是帮助她找到过往事件，练习通过更有效的方式去应对挑战，帮助她重新活在当下。

当然，这个练习其实也有一定的风险，比如我们会感觉紧张、浑身不适。所以，在进行这个练习之前，我们最好先放松身体，并且知道在不舒服的时候要停下来，采用身体拍打等方式来缓解紧张。

练习三：链接过去与现在。

在完成了前两个练习后，我们已经成功地将那些影响我们情绪的旧人旧事一一列出。接下来，我们将踏上一段修通之旅，去揭示过去与现在之间微妙的联系。这一环节至关重要，它能帮助我们明白，当前的困扰很可能是源自过往的经历。我们可以观察到，当前表面情绪和行为的背后，究竟隐藏着什么样的内在动机。

例如，你可以这样记录：

当前，我最烦的人是——（比如我的丈夫，或我那调皮的

你就是孩子最好的"心理医生"

孩子，又或那位爱挑剔的领导……）

他（她）的某些行为或态度，让我不由自主地联想到了——（可能是那位严厉的父亲，或是过于唠叨的母亲，又或是童年时给我留下深刻印象的某个亲人……）

当前最让我困扰的事情是——（比如他人的无端指责，或是被误解的委屈，又或是感到被忽视的不公……）

每当这种情境出现，我的脑海中总会浮现出——（那一次被冤枉的经历，或是被严厉训斥的场景，又或是其他深埋于心底的伤痛……）

此刻，我最深刻的感受是——（如心慌、头晕、无力等）

这种感受让我回想起了——（小时候妈妈严厉的责罚，或是心爱宠物丢失时的无助和绝望……）

在这种情绪的驱使下，我经常会有的反应是——（如大声喊叫、沉默不语、冲动地想要破坏些什么……）

这些行为模式，与我从前的某些经历如此相似——（那时，我也曾因为无法忍受而大声哭泣，或是因为害怕而选择沉默，又或是因为愤怒而有过冲动的行为……）

在这一切的背后，我最渴望的其实是——（被理解、被接纳、被爱，或是得到他人的认可和尊重……）

这种渴望，与我小时候（对家庭温暖的向往，对亲情的渴望……）是如此相似。

通过这一系列的记录与反思，我们能够更加清晰地看到，过去的经历是如何在无形中影响着我们的当下。那些曾经的伤痛、遗憾、失落，都在我们的心中留下了深刻的烙印，影响着我们的情绪、行为和认知。

我们通过一个具体的案例来说明如何做这个练习以及这个练习的意义。

有一位男士，他最大的困扰就是无法让自己休息，事事都要追求完美，只有不断去考证、做各种项目才能安心。即便自己身体出现不适、家人埋怨他缺少陪伴，他感觉自己也停不下来。他为什么会出现这种情况呢？

我们带领他去做这个练习：

当前，我最困扰的事情是——（很焦虑，无法让自己休息）

这种情况，如同——（我在中学阶段时，家里突然出现了很大的变故，我感觉自己需要在一夜之间长大，即使我还什么都不会，也要强迫自己去承担父亲的一切责任，努力拯救摇摇欲坠的家庭）

在这种情绪的驱使下，我经常——（熬夜，努力学习、工作，不允许自己休息。但身体也不舒服，如胃胀、胸闷、头皮紧等）

这些行为模式，与我从前的经历如此相似——（那时，我的成绩和学校都不好，家人被欺负，我需要努力学习，要证明给那些欺负我们的人看。但真的很难、很累）

你就是孩子最好的"心理医生"

在这一切的背后，我最渴望的其实是——（强大自己，保护家人，对抗别人的欺负，挽救家庭）

这种渴望，与我小时候（在遭遇家庭重大变故的时候）是如此相似。

通过这个练习，我们终于知道，这位只有加油挡、没有刹车挡的男士，原来一直被过往家庭突变带来的焦虑和期待所驱动，一直在为了拯救家庭、保护家人而努力。但是，他已经不再弱小无知，他的家庭（他的妈妈和妹妹）已经不再需要他的保护，他的外敌也早就不存在了。他没有意识到这一点，所以一直被牵绊，就像风筝被线牵拉一样，无法自由飞翔。

通过这个案例，我们可以看到，通过连接过去与现在，我们不仅能够更好地理解自己的情绪和行为模式，还能够找到问题的根源所在。这将为后续的自我成长和改变提供有力的支持和指导。

练习四：告别过去，塑造新模式。

我们还是以上面这个案例为例，来讨论如何解开过往经历的枷锁，塑造新的生活模式。

放松练习：很多过往经历给我们带来身体和心理上的紧张。放松身体也是放松心理的重要方法。我们通过肌肉放松和呼吸关注的方法，让这位男士重新体会放松的感觉。他虽然知道不少理论，但实际上，放松究竟会给个人身体和心理带来什么感觉，他已经太久没有体验过了。这种放松，对于他浑身不适的症状，起到了很好的疗愈作用。

冥想：在做好身体和心理放松的准备之后，我们与这位男士一起进行了冥想。冥想，可以有适合大多数人的指导语，这个在网络上很容易找到，也适合日常练习。比如，尝试找一个安静的地方，闭上眼睛，深呼吸，然后想象自己将这些情绪随着呼气排出体外。但如果是带有治疗性质的冥想，指导语就需要根据个人的经历来设置。我们从这位男士的经历中摄取了部分场景，加入了特定的语言，以此来进行冥想，这对他而言是非常重要的告别过去的练习。

体育锻炼：因为时间、人员等因素限制，很多人是没有办法专门进行体育锻炼的，那我们就给他们一个简单的调整情绪的方法——走路。演员陈坤写了一本书《突然就走到了西藏》，他在书中阐述了行走对他个人的重要意义。他认为，外在的行走与心灵的行走是两条生命的线索，看似毫不相交，其实彼此对应、互相影响。在外在的行走中安静下来，放松自己，与内心对话，从中获得正面的力量，这才是行走的真正意义。我有位朋友，每次失恋难受，他就开启暴走模式。每次走一两个小时，他内心的郁闷就会暂时散去，屡试不爽。

角色扮演与反思：我们还可以与伴侣或朋友进行角色扮演，

你就是孩子最好的"心理医生"

模拟那些对自己情绪产生重要影响的事件或场景。在扮演过程中，观察自己的情绪反应，并在结束后进行反思和总结。

寻求专业帮助：如果你发现自己无法独自处理复杂的情绪问题，不要犹豫，积极寻求专业心理咨询师的帮助，他们可以提供更深入的指导和支持。

平衡情绪：
"点对点"互动模式

　　家庭中的人际互动模式，尤其是夫妻间的互动，不仅会影响双方的情绪，还会影响家庭氛围，甚至会在潜移默化中影响孩子的心理健康，意义重大。

　　成人之间的互动模式，可以理解为双方在交流、决策、解决问题等过程中形成的一种稳定的行为方式。这种互动模式受到个体性格、价值观、文化背景等多方面因素的影响，并在日常生活中不断得到强化和修正。

　　著名心理学家艾瑞克·伯恩（Eric Berne）提出了交易分析（Transactional Analysis，TA）理论，为我们理解成人互动模式提供了有力的工具。TA 理论将个体的行为分为三种类型：父母型（Parent）、成人型（Adult）和儿童型（Child）。在成人互动中，这三种类型的行为模式会交替出现，影响双方的交流效果。

你就是孩子最好的"心理医生"

TA 理论认为，当一方以父母型的行为模式出现时，可能会表现出权威、指责或过度保护等特征；而另一方则可能以儿童型的行为模式回应，表现出顺从、反抗或依赖等特征。这种互动模式往往会导致双方陷入一种僵化的、难以改变的关系中。然而，当双方都能够以成人型的行为模式出现时，他们能够理性地交流、客观地分析问题、共同寻找解决方案。这种互动模式有助于双方建立一种平等、尊重、信任的关系，从而为孩子营造一个健康的成长环境。

与艾瑞克·伯恩的理论相仿，我从情绪内核的理论进行延伸，提出了"点对点"的互动模式。要理解这个模式，最好的例子就是钓鱼。

钓鱼前，我们需先了解自己想要什么样的鱼，这就是自己内心的需求和期待，即自己的"渴望点"。而要钓这种鱼，需要的鱼饵就是对方的需求和期待，即对方的"渴望点"。与"渴望点"相对应的就是"厌恶点"了，即双方最不喜欢的事情。如果我们想钓到自己想要的鱼，就要给相应的鱼饵，满足对方的需求，并尽量少触碰对方的"厌恶点"。

在人际关系中，我们同时也是"鱼"，要被钓，需要被满足。只有这样，才能互哺，才能形成良好的人际关系。反之，则容易陷入人际关系的困扰。

我们以一个真实的案例来说明"点对点"互动模式的练习方法和意义。

比如，有一对夫妻经常争吵。妻子来自大城市，自幼父母宠爱，要什么有什么，甚至到了初一父母还帮她洗澡。结婚后，妻子全职照顾孩子和家庭。她感觉自己从一个被娇纵的小公主变成了一个无所不能的家庭主妇，比如修下水管、换灯泡等都是自己做，很辛苦。但丈夫从来都没有主动关心过她，因此她怨气很大。

而丈夫来自农村家庭，从小老实本分，努力读书。大学毕业后，辛苦工作养家。丈夫工作很忙，还要应对来自客户、领导、同事等方面的压力，回家时已身心疲惫，只想安静、舒服地休息。但妻子总在抱怨、指责他，因此他觉得很烦。最麻烦的是，孩子可能也受到了影响，脾气变得暴躁，不愿意上学。

1. "点对点"互动模式的基本步骤

首先找到各自的"渴望点"。其实，我们都是带着自身的需求和期待进入婚姻或人际关系的，这就是我们要找的"渴望点"和"厌恶点"。

妻子的两个"点"：妻子是公主脾气，有傲气，内心依然浪漫。她最希望得到的是呵护（尤其是感情方面的），最讨厌别人忽略她。不巧的是，丈夫是钢铁直男，情感不细腻，没有满足她的"渴望点"；丈夫一回家就看手机、不理人，忽略她的存在，恰好戳中了她的"厌恶点"。

丈夫的两个"点"：丈夫从农村家庭一路拼搏出来，内心追求的是肯定和认同，这是他的"渴望点"。他很讨厌别人的指责

你就是孩子最好的"心理医生"

和看不起，这是他的"厌恶点"。不巧的是，妻子因为心中积累的失望和愤怒而经常指责他，这让他的"渴望点"一直没有得到满足。而妻子的指责和抱怨又戳中了他的"厌恶点"，让他倍感挫败，甚至想逃离。

这两个人的内在需求都没有得到满足，反而内心的痛点都反复被刺激，夫妻之间难免出现冲突。

2．"点对点"互动模式的应用

分析夫妻双方的内在需求和期待后，我们建议：丈夫多表达情感，呵护妻子内心的情感渴求，这个比给钱更有用。而妻子要多肯定丈夫，就算丈夫在家务中表现得不优秀，也要多给丈夫机会、多表扬他，这样才能让丈夫更有动力参与家庭事务。通过这种"点对点"的练习，他们的关系得到了改善，孩子在家庭中也感受到了更多的安全和温暖，整个家庭都在往好的方面发展。

以上是一个真实的案例，简单说明了"点对点"互动模式，但这还远远不够，我们需要更具体的操作方法。"点对点"互动模式的具体练习方法如下。

练习一：列出你的"渴望点"和"厌恶点"。

这个练习的关键是要清晰具体地表达在人际互动中具体的事、具体的感受和具体的要求。

自己的"渴望点"可以这样记录：

我最希望他（她）这样做：＿＿＿＿＿＿＿＿＿＿＿＿＿

097

（比如，我最希望他经常陪我出去散步，最好就是每天饭后）

在这个事情中，我的感受是：_____

（比如，我感觉被关心、很开心）

自己的"厌恶点"可以这样记录：

我最讨厌他（她）这样做：_____

（比如，我最讨厌她经常数落我，什么陈年旧账都翻出来说……）

在这个事情中，我的感受是：_____

（比如，我感觉很心烦、很愤怒）

如果可以，我希望他（她）这样做：_____

（比如，我希望她可以就事论事，在双方发生冲突时能少说一点）

通过这个练习，我们要总结出：我最反感对方的事情是什么，我最喜欢对方怎么做。然后我们可以用"我"语句来表达自己的感受和客观需求，例如，"我觉得很受伤，因为我觉得你没有尊重我的意见。我很希望你不打断我说话。我很希望你能回应我的话。"

练习二：列出对方的"渴望点"和"厌恶点"。

对方的"渴望点"可以这样记录：

他（她）最希望我这样做：_____

（比如，她最希望我注重仪式感，每天陪她吃饭、跟她聊八卦）

我这样做，可能会让他（她）有_____
的感受。（比如，她可能会觉得被爱，有安全感）

你就是孩子最好的"心理医生"

对方的"厌恶点"可以这样记录：

他（她）最讨厌别人这样做：＿＿＿＿＿＿＿＿＿＿

（比如，他最讨厌我说他不好，什么不好的地方都不能直接说）

我这样做，可能会让他（她）有＿＿＿＿＿＿＿＿＿＿

的感受。（比如，他可能会觉得我指责他，因此心烦、不开心）

如果可以，我想这样调整：＿＿＿＿＿＿＿＿＿＿

（比如，我每天表扬他一次）

通过这个练习，我们要总结出：对方最反感我们做的事情是什么，尽量避免做；对方最喜欢我们做的事情是什么，尽量重复做。

练习三：内在互动模式的外显化。

互动模式是指人们在沟通中形成的固定方式和习惯。了解自己和别人的反应模式，有助于我们打开人际沟通的盲盒，从而更好调整互动模式。在练习一和练习二的基础上，我们把双方的两个点进行组合，有望打破原有的模式，重组更有效的人际互动模式。

原有互动模式的外显化：

人际双方经常出现的某类事或某件事—你的"渴望点"和"厌恶点"—对方的"渴望点"和"厌恶点"—结果，包括言语行为和非言语行为。

以上面这对夫妻为例，我们是这样练习的：

事（妻子抱怨＋丈夫沉默＝双方冲突）；

妻子的两个点（不被爱，被忽略）；

丈夫的两个点（不被肯定，被指责）；

结果（妻子暴怒，怨气大，有时哭泣；丈夫感觉心烦，无奈，想逃跑，但又担心孩子的心理健康问题）。

调整后互动模式的外显化：

人际双方经常出现的某类事或某件事—调整后的做法—对方的反应，双方的感受—结果。

以上面这对夫妻为例，我们可以这样调整：

事（妻子让丈夫参与具体的家庭事务，并在过程中多肯定丈夫；丈夫减少不必要的工作，多从语言上弥补妻子内心的情感需求）；

妻子的感受（丈夫更关心自己了）；

丈夫的感受（自己得到了认可和肯定）；

结果（夫妻之间的冲突减少，沟通更多）。

通过这个练习，我们可能会发现，大部分的人际互动都有规律可循。也只有了解双方的两个"点"，并强化对方的"渴望点"，避免"厌恶点"，才能避免重复犯同样的错误。

练习四：自我满足。

在经过上面的三个练习后，我们可能会发现，现实情况并不如意。比如，妻子看到丈夫晚归，或者自己遇到难事时，丈夫没有第一时间来帮忙，怒气一下子就升起来了，这该怎么控制？所以，我们还需要进行第四个练习——自我满足，也就是

你就是孩子最好的"心理医生"

满足自己的"渴望点"、修补自己的"厌恶点"。

网上有句话，我深以为然："改变自己是神，而想改变别人，是神经病。"我们学会自我满足，通过调整自己的心态和情绪，以更加平和、理性的姿态投入人际关系，这样我们才有能力去争取他人的支持和改变，建立良好的人际互动。

然而，改变自己，并非易事。它需要我们付出努力和时间，去反思、学习和成长。下面是一些简单而有效的方法，可以帮助我们进行自我调整。

1. 撰写自我分析日记

我们内心的崩溃和不满往往由外界事件触发，如同雪崩一般无法遏制。因此，我们可以尝试记录下这些触发事件，详细描述事件经过、自己的感受以及触发的原因。然后，逐一进行分析，思考如何避免或应对类似情况，逐渐培养自己的自我觉察和情绪管理能力。

撰写自我分析日记的具体方法：

（1）明确目的：在开始撰写前，确定写日记的目的，如记录情绪、分析行为或设定目标。

（2）选择时机：找一个安静、不易被打扰的时间和地点来写日记。

（3）记录事件：简述触发情绪的事件，包括时间、地点和主要内容。

（4）描述情绪：记录当时的情绪反应，用具体词语描述，包括愤怒、悲伤、焦虑或者其他情绪。

（5）分析原因：思考情绪和行为背后的原因，探索深层次需求。比如，是事件本身触发了你的情绪，还是事件勾起了你过去的某些经历或记忆？是什么驱动你做出这样的反应？你是否在寻求某种认可、安全感或自我价值感？

（6）设定目标：基于分析，设定改进方向和目标。例如，设定减少在特定情境下情绪爆发的次数，应对情绪崩溃的其他方法等。

（7）持续记录：保持日记的连续性，并定期回顾与总结。比如每隔一段时间（如每周、每月）回顾和总结一下之前的记录。看看哪些方面取得了进步，哪些方面还需要继续努力。

（8）保持诚实和开放的态度：以诚实和开放的态度面对自己的不足和错误。这个日记是你自己的，无须担心泄密或被议论。

2. 角色扮演 / 换位思考

在做完上面这个练习后，我们大概就能了解自己内心的需求了。然后，我们可以用角色扮演的方法，来帮助自己表达内心的需求并自我满足。

我们可以搬一张椅子或其他物品作为练习对象，对着它们说出平时压抑的话语和情绪。一开始我们可能不太习惯，有点尴尬，不知道该说什么。但一旦你开始不假思索地说出自己想说的话时，你可能会惊讶于自己的表达方式和内心的真实感受。有些话并不是我们一开始想到的，而是说出来之后才发现自己是这样想的。

在尽情表达之后，我们还可以换位思考。我们可以让凳子扮演自己，而自己扮演别人。我们可以想象自己就是那个人，体会那个人的感受和想法，对凳子（也就是你自己）说话。在这个过程中，我们可能会更明白对方的难，更明白自己对别人的影响，从而能从全新的角度看待原来的人际困扰。

最后，我们可以总结和升华，把从练习中获得的感悟运用在现实的人际关系中。

3. 数呼吸与冥想练习

我们可以找到合适且不被打扰的时间和空间，静下心来，闭目细数自己的呼吸，感受气息在体内的流动，逐渐放松身心。定期进行这样的练习，我们可以更平和，更具有自我觉察力。如果我们不知道什么是冥想，可以在网上寻找相应的 App 或教程进行练习。其实，只要开始练习，我们就会有感受。冥想练习不用担心对错或成败，就像运动一样，不必担心专业与否，不用追求速度或成绩，坚持简简单单地行走，就能带来很好的改变。

4. 寻求专业人士的帮助与支持

自我成长和完善是一个终身的话题。即使作为心理医生或专业人士，我们也在不断学习中。人生不易，且行且学习。如果你在这方面有觉察和需求，也可以寻求专业心理医生的帮助。他们可以提供更加专业、个性化的指导和支持，帮助你更好地实现自我满足与争取他人的满足。

应急之策：
四步情绪平复法

　　情绪崩溃，就如同发生了火灾一样，需要紧急救援。否则，失控的情绪就会放大事情的不良影响，导致更严重的后果。情绪急救也如同救火，需要迅速采取有效的行动，防止情绪失控。下面介绍的四步情绪平复法，不仅可以帮助父母有效管理自身情绪，还能为孩子树立一个良好的情绪管理榜样。

　　第一步：离开现场。

　　心理学的"情境脱离"原理表明，改变环境有助于打破情绪的刺激—反应循环。所以，当情绪即将失控时，第一步是迅速离开当前环境。就如同发生火灾，我们如果还在火场内，自身都难保，更别谈灭火了。所以，当我们觉察到自己的愤怒、沮丧或焦虑等负面情绪上升时，应尽快想办法离开引发这些情绪的现场。

你就是孩子最好的"心理医生"

我们可以在家中设定一个"冷静区"，比如一个安静的房间。当情绪即将失控时，立即前往这个区域。如果在工作场所或公共场所，可以找一个相对安静的角落或洗手间，暂时避开刺激源。通过离开现场，我们可以为自己争取到宝贵的冷静时间，避免在情绪崩溃时做出冲动的决定或行为。

第二步：宣泄情绪。

离开现场后，下一步是允许自己宣泄情绪。根据心理学的"情绪释放"理论，压抑情绪只会导致其以更激烈的方式爆发。因此，我们需要找到一种安全、健康的方式来表达自己的情绪。

具体宣泄情绪的方法包括写日记、绘画、进行体力活动（如跑步、打沙袋）、听音乐等，还可以与信任的朋友或家人倾诉，分享自己的感受和想法。在宣泄情绪的过程中，我们应注意不要伤害到自己或他人。

第三步：找自己的责任。

在宣泄情绪后，我们的心情恢复平静了，就要开始找自己的责任。但这并不说明对方对、自己错了。现实中，很多人用别人的错误来惩罚自己，火气和怨气都越来越大，无法平息，原因就是陷入了"受害者"的旋涡。如果我们认识到自己的情绪失控可能并非完全由外部因素引起，自身也可能有责任，这样反而有助于平复自己的情绪。

第四步：发掘对方的美好。

心理学上的"积极关注"理论显示，我们关注积极面可平衡负面情绪。

我们可以尝试深入挖掘并列出对方身上的三个显著优点。这些优点可以是他们的性格特质，比如善良、坚韧或乐观；也可以是他们的才华或技能，比如音乐天赋、卓越的领导能力或是对某个领域的深厚知识；更有可能是他们对待生活的态度，比如积极向上、充满热情或是乐于助人。

同时，我们还可以细细回味与对方共同度过的那些温馨、难忘的美好时光。这些时光可能是你们一起旅行的经历，共同克服困难的时刻，或是简单却充满爱意的日常互动。无论是欢笑还是泪水，这些共同的经历都是你们关系中独一无二的宝贵财富。

通过反复回味这些优点和美好的画面，我们不仅可以引导自己的大脑更多地聚焦于正面的信息与情感，从而加深对对方的欣赏和感激之情，还可以为我们的关系注入更多的积极能量。这样的练习有助于我们更加珍视对方，也让我们更加明白，即使在最艰难的时刻，我们依然拥有彼此的美好和值得感激之处。

下面是一个具体的案例，可以让我们更好地理解"四步情绪平复法"对维系夫妻关系的重要作用。

我有个朋友，她经常跟丈夫发生争执。她觉得她丈夫的文化水平低，说粗话，随地吐痰。最让她受不了的是，她丈夫会用鞋子打孩子。尽管她已尽力克制，但每当这些场景重演，她的愤怒便如火山爆发，忍不住向丈夫吼叫，这导致两人的冲突不断升级。丈夫不仅不接受她的指责，反而认为她过于强势，

你就是孩子最好的"心理医生"

难以相处，这使他们的关系陷入了恶性循环。频繁的争吵像一把双刃剑，伤害了彼此的心灵，也让这段婚姻岌岌可危。

面对这样的困境，我建议朋友采用四步情绪平复法，让这一方法作为紧急时刻的自我救助机制，以保护并修复这段珍贵的关系。

第一，即时抽离。当她意识到自己即将被愤怒淹没时，首要任务是暂时离开冲突现场，比如去洗手间用冷水洗脸，或是下楼散步，利用物理空间的转换来打断情绪的升级。

第二，安全宣泄。如果内心的怒火仍未平息，找一个无人的角落，大声说出自己的不满和愤怒。这种方式既能让情绪得到释放，又避免了直接伤害丈夫，为情绪的降温创造了条件。

第三，自我反省。情绪稳定后，需要诚实地审视自己，比如是否因自己过于强势的态度而造成了丈夫的情绪失控。这一步是成长的关键，它促使双方从自身寻找改善的可能。

第四，积极视角。我鼓励她刻意去寻找并欣赏丈夫的优点，比如他烹饪的美味，旅行中的细心照顾等。这些正面的记忆能够重新激发她对丈夫的爱意与感激，为接下来的沟通奠定积极的基础。

通过这四步，我朋友学会了在情绪风暴中为自己搭建一座避风港。当她再次面对丈夫时，不再是满腔怒火，而是带着更加平和与理解的心态，这使他们的沟通变得更加顺畅，也为他们的关系带来了新的希望。

总的来说，四步情绪平复法涵盖"离开现场、宣泄情绪、找自己的责任、发掘对方的美好"这四个核心步骤。通过遵循这些步骤，父母不仅能够更加理性地应对自身的情绪挑战，还能为孩子树立一个健康、积极的情绪管理典范。尤为重要的是，四步情绪平复法不仅适用于自身情绪的急救，还可以让我们在他人面对心理困扰时伸出援手，提供有效帮助。

总　结

情绪管理是亲子教育中最不能缺失的一课。而情绪管理要从"情绪卡片"练习认识情绪开始，然后分析、调整情绪。"生命轴"练习有助于家长找到自身情绪的根源，并修通过去经历对当下和未来的影响。"点对点"练习则聚焦于探讨人际互动，将人际关系内置模式显现出来并做出相应调整，更有利于我们跳出人际关系的困扰。在遇到情绪崩溃时，我们要学会四步情绪平复法，预防坏情绪毁掉我们的人生。

情绪管理，乃人生幸福之钥，掌握得当，幸福之门自然敞开。

父母乃子女情绪之源泉，也为其情绪管理之启蒙灯塔，照亮其成长之路。

信念为情绪之舵手，改变信念可重塑行为，掌舵人生。

唯有直面过往，方能洞见当下，重塑自我。

你就是孩子最好的"心理医生"

Chapter *5*

第五章

赞美的力量：
发现和表达孩子的优点

家长们经常执着于孩子的劣势，习惯于发现和纠正孩子的缺点。每次说起孩子的不足时，家长便滔滔不绝。而当我们问：你们家孩子有什么优点吗？家长却常常哑口无言。确实，优秀的孩子还会去看心理医生吗？

　　但我们有没有思考过一个问题：到底是孩子优秀了我们才去表扬，还是我们学会表扬了，孩子才变得越来越优秀？

　　应用积极心理学中心首席执行官亚历克丝·林利博士说："只有在充分利用自身优势的基础上，我们才可能通过战胜自身的劣势获得成功。"

　　领导力专家彼得·德鲁克也说过，那些非凡的领导者都在让自己的优势互联，最终让自己的劣势也变得无足轻重。他毫不避讳地指出，我们所有人"都有一大堆缺点"，但如果把焦点放在优势上的话，劣势对我们的影响就微乎其微了。所以，学会发现孩子的优点并因材施教，才可能培养出优秀的孩子。执着于孩子的劣势，可能会越教越差。

　　有一个小女孩，经常跟弟弟打架、抢东西、撒谎，有时还把自己锁在屋内，不愿见人。这个孩子在家长和同伴的眼里是一个人见人厌的坏孩子，没有任何优点。家人经常批评教育她，甚至动手打过她，但她就是屡教不改。在深入沟通后，我们发现，这个孩子的内心很崩溃：她感觉家里人偏心弟弟，而自己是没有人爱的，因此内心常常感到悲伤、愤怒。打人和闹脾气就是她表达内心感受的方式。我们没有再给这个孩子说道理，而是帮助她发泄情绪，并让家里人纠正"偏心"的习惯，多肯定孩子的优点，这样孩子就慢慢好起来了。所以，并不是孩子优秀了才值得我们表扬，而是我们学会表扬孩子，孩子才变得越来越好。

有些家长也知道要多表扬孩子，但如果无缘无故跟孩子说"你很棒，你很好"，会让孩子觉得你在说反话，讽刺他。即使有些孩子受到鼓励并相信自己很厉害，但如果在现实世界中找不到自信的支点，就会产生挫败感。甚至如果孩子不能接受挫折或质疑，这种表扬就变成了"捧杀"孩子的元凶。

有一个女孩，小学兴趣班的老师说她音乐很厉害，父母也一直在强调这一点，这让女孩觉得自己肯定能够进到最顶尖的音乐学校。但到初中之后，她发现自己无论是音乐还是文化课，都属于中等水平，与目标大学的分数相距甚远。她很难接受这个现实，最后选择了躺平，不愿意上学了。其实，和千千万万的孩子一样，她就是一个普通的孩子而已。所以，表扬孩子也需要注意方式方法。

下面是表扬孩子需要注意的事项。

1. 避免操控性表扬

表扬孩子时，切忌将自己的意愿强加于他们。如果我们试图通过表扬来操控孩子，只会让他们感到压力和束缚，而非真正的满足和喜悦。真正的表扬应当是对孩子行为或成就的认可和赞赏，而非一种操控手段。

例如，当我们说"你听妈妈的话，真棒"时，这样的表扬就带有操控的意味。孩子可能会觉得自己的价值取决于是否满足家长或别人的期望，而非自己的努力和成就。

2. 表扬要具体而精准

我们要针对孩子的具体行为或成绩进行表扬。这样的表扬能够让孩子清楚地知道自己在哪些方面做得好，从而更加明确自己的方向和目标。

比如，当孩子完成了一幅画作时，我们可以说："你在这幅画中的色彩搭配真的很棒，看起来很有创意！"这样的表扬既具体又精准，能够让孩子感受到我们的认可和赞赏。

3. 引导孩子进行自我评价

在表扬孩子的同时，我们要引导他们学会给自己打分。很多孩子过于在乎别人对自己的评价，显得敏感而脆弱。所以，引导孩子做好自我评价，不过于在意别人的评价，会让孩子减少很多的人生烦恼。

113

比如，当孩子完成一项任务后，我们可以问他："你觉得自己在这项任务中表现得怎么样？如果满分是 10 分的话，你会给自己打多少分？如果不满意，你希望在哪些方面调整呢？"通过这样的引导，孩子能够更加客观地评估自己的表现，从而更加自信地面对未来的挑战。

4. 鼓励孩子自我比较

在表扬孩子时，我们还要鼓励他们学会自我比较。让他们明白，进步和成长是一个不断完善自己的过程，而不是与他人的比较。

比如，当孩子取得了一些进步时，我们可以说："你这次的作文写得比上次更好了！继续加油，我相信你会越来越棒的！"这样的鼓励能够让孩子感受到自己的成长和进步，从而更加有动力去追求更高的目标。

5. 帮助孩子发现问题的根源并加以解决

当孩子遇到挫折或失败时，我们不能仅仅鼓励或批评他们，更重要的是通过和孩子一起分析失败的原因和教训，帮助他们找到改进的方法和策略。

比如，当孩子考试失败时，我们可以和他一起分析试卷中的错误和不足之处，找出问题所在并制订改进计划。这样的过程不仅能够让孩子更加深入地了解自己的不足和需要改进的地方，还能够培养孩子解决问题和应对挑战的能力。

最后，我想强调的是，培养孩子的自信，如同建造万里长

你就是孩子最好的"心理医生"

城，是日积月累、一砖一瓦堆砌起来的。语言表扬堆砌的自信很容易崩塌，让孩子陷入自我怀疑，还容易在自信和自卑之间游走不定。

让孩子在一件件小事中找到自己的优势，体会到成就感，才能真正帮助孩子建立自信。在孩子真正找到自己的优势之前，我们可以通过以下的游戏来帮助孩子发现优点、建立自信。

"超级忠粉养成记"：
在游戏中探寻孩子的闪光点

发现并成全孩子的优点是为人父母很重要的任务。我们要把自己培养成善于发现孩子优点的人，如同孩子的超级忠粉一样。那我们如何才能成为懂得欣赏自己孩子的"超级忠粉"呢？

游戏是孩子最喜欢的方式，也是发现和培养孩子优点的重要方法。下面是"超级忠粉养成记"游戏的实施步骤。

1. 游戏的选择与准备

首先，我们要根据孩子的年龄和兴趣选择适合的游戏。例如，对于年幼的孩子，可以选择简单的户外追逐游戏，如捉迷藏；对于稍大一些的孩子，可以尝试需要更多团队合作和策略的桌游，如"狼人杀"或棋类游戏。

（1）准备游戏所需的道具和场地。确保游戏道具的安全性，并根据游戏类型选择适当的场地。例如，如果玩捉迷藏，需要确保场地内没有危险物品，并设定好游戏范围。

（2）规则制定。在开始游戏之前，跟孩子讨论游戏的规则和玩法。只有孩子认可了游戏的规则，他们才更有参加的积极性。

（3）角色分配。根据游戏类型，为孩子分配角色或队伍。确保每个孩子都有机会参与游戏，并承担一定的责任。

2. 游戏中的对策

（1）全情投入。家长不仅仅是观众，而是要与孩子一起进入游戏，共同面对挑战。

（2）观察优点。比如，观察孩子是否主动参与游戏，是否能够提出新颖的想法或解决方案，是否能够与他人顺畅沟通，是否能够与团队成员协作，是否能够冷静应对游戏中的挑战和困难等。

（3）适时引导。当孩子在游戏过程中遇到困难时，家长不要过度干预，不要急于给出答案，而是要通过提问或提示来引导孩子自己找到答案。

（4）肯定与鼓励。切记，我们参与游戏，重要的不是结果，而是在游戏中发现孩子的优点。所以，我们要随时关注孩子的优点，并及时给予肯定。

3. 游戏后的总结与反馈

游戏结束后，与孩子一起回顾游戏过程，一起探讨改进游

117

戏的策略和技巧。我们要重点肯定孩子的优点和闪光点，让他们感受到自己的努力和成就被看见，建立亲子双方的自信。同时，也可以对孩子在游戏中存在的问题和不足提出讨论。

下面以一个具体的例子来说明"超级忠粉养成记"游戏的操作方法。

游戏名称："家庭探险寻宝"。

1. 游戏的选择与准备

假设孩子最近对冒险和寻宝故事非常感兴趣，而你又希望孩子在户外游戏中锻炼体力、观察力、团队合作能力和解决问题的能力。所以，你选择了"家庭探险寻宝"这个游戏。

在开始前，跟孩子讨论"家庭探险寻宝"游戏的目标、规则等。

目标：找到藏在公园里的宝藏，宝藏可能是一个他们喜欢的玩具或者孩子想要的其他事物。

规则：宝藏可能藏在公园的某个角落，需要他们运用智慧和通过团队合作来找到它，包括如何分组、如何找到线索、如何解读线索等。

我们可以将宝藏细分成不同的目标，以增加游戏的趣味性。当孩子找到第一个线索时，他们会感到兴奋和满足，这有助于他们保持参与的动力，继续寻找第二个、第三个线索，最终找到宝藏。

2. 游戏过程

家长积极参与游戏，与孩子一起寻找线索，重点观察孩子

你就是孩子最好的"心理医生"

的优点，并及时给予肯定。在游戏过程中，我们观察到孩子在以下 3 个方面表现出色：

（1）观察力敏锐：孩子能够迅速发现隐藏在公园中的线索，并准确地解读它们。

（2）团队合作能力强：孩子能够与其他家庭成员有效沟通、分工合作，共同完成任务。

（3）解决问题能力突出：当孩子遇到难题时，他们能够冷静思考、尝试多种方法并最终找到解决方案。

3. 引导孩子反思和总结

游戏结束后，我们与孩子一起回顾游戏过程，询问孩子在游戏中遇到了哪些困难、是如何克服的以及他们的感受和收获。例如，如果孩子在团队合作方面表现出色，家长可以说："你在游戏中能坚持不放弃，真是太棒了！"如果孩子在解决问题方面还有所欠缺，家长可以说："这次游戏中你遇到了大家意见不统一的情况，这个问题以后可以怎么解决呢？"

通过游戏后的总结与反馈，家长不仅能够帮助孩子更好地认识自己，还能为他们提供具体的成长方向和目标。这样一来，孩子就能够在家长的引导下不断成长和进步，最终成为他们想要成为的人。

其实，除了专门游戏外，我们要培养发现孩子优点的眼光，在生活的点点滴滴中随时随地肯定孩子。

"模拟秀"游戏：
在角色扮演中发现孩子的优点

"模拟秀"游戏，顾名思义，是一个模拟真实场景的游戏。在这个游戏中，孩子们可以扮演他们感兴趣或想要尝试的各种角色，如医生、教师、消防员、厨师等。通过角色扮演，孩子们能够在模拟的环境中体验不同职业的特点，学习各种技能和知识，更重要的是能发掘和培育自身的独特优点。

1. 游戏步骤

角色选择：首先，让孩子们选择自己想要扮演的角色。这个过程中，我们可以介绍各角色的日常工作，或者提供相关的资料，帮助孩子了解不同职业的特点和要求，从而选择更适合自己的角色。

场景设定：根据孩子所选的角色，设定一个模拟的游戏场景。例如，如果孩子选择了医生角色，那么可以设定一个模拟医院的场景；如果选择了消防员角色，则可以设定一个火灾现场的场景。

角色扮演：孩子们进入设定的场景，开始扮演自己的角色。在这个过程中，他们需要运用自己的想象力和创造力去模拟角色的行为、语言和思维方式。

任务挑战：为了增加游戏的趣味性和挑战性，可以设定一些与角色相关的任务让孩子们去完成。例如，扮演医生的孩子们需要为"病人"进行诊断和治疗；扮演消防员的孩子们则需要迅速而准确地完成灭火任务。

总结反馈：游戏结束后，让孩子们分享自己在游戏中的体验和感受，以及他们在角色扮演中所展现的优点和进步。家长或老师也可以给予他们一些积极的反馈和建议，以帮助他们更好地发掘和培育自己的优点。

2. 具体例子

假如我们设定了一个学校的场景，让孩子们扮演老师和同学。

（1）角色分配与准备。

孩子们根据兴趣选择扮演老师或同学，每个角色都有特定的职责和任务。扮演老师的孩子们需要提前准备教学内容，包括教材、教案和教学工具。扮演同学的孩子们则需要准备学习用品，如课本、笔记本和文具等。

（2）模拟上课。

"老师"按照教案开始上课，向"同学们"讲解新知识，并引导他们参与课堂讨论。"同学们"积极发言、提问，与"老师"和其他"同学"互动，共同学习。

（3）任务挑战。

在上课过程中，设定一些任务挑战，如小组讨论、角色扮演、即兴演讲等，激发孩子们的创造力和团队合作精神，同时也锻炼他们的沟通能力和应变能力。

（4）作业布置与反馈。

"老师"根据课程内容布置作业，要求"同学们"在课后完成。"同学们"完成作业后，将作业交给"老师"进行批改和评价。"老师"在批改作业时，可以给予"同学们"积极的反馈和建议，帮助他们改进学习方法和提高学习效果。

（5）总结与分享。

游戏结束后，组织孩子们分享在游戏中扮演角色的体验、遇到的困难和解决办法、学习到的知识和技能等。孩子们在模拟真实情境下的互动和交流中，了解到老师和其他同学的感受和需求，从而增进彼此之间的了解和友谊，培养团队合作精神和集体荣誉感。

你就是孩子最好的"心理医生"

"优点连连看"游戏：
每一个孩子都值得欣赏

1. 游戏背景与目的

"优点连连看"是一款以现实互动为基础的角色扮演游戏。在游戏中，孩子们将扮演"优点侦探"，通过观察和互动，发现身边人的优点，并将它们像"连连看"般串联起来。

游戏旨在培养孩子们的观察力、同理心和欣赏他人的能力，同时帮助他们认识到自己的价值，增强自信心。

2. 游戏步骤

角色分配：首先，让孩子们选择扮演"优点侦探"或"被观察者"。每个"被观察者"可以是家庭成员、朋友或同学，而"优点侦探"则需要负责发现并记录他们的优点。

准备记录工具：为每个"优点侦探"准备一个小笔记本或记录卡，用于记录观察到的优点。

设定观察时间：根据孩子们的年龄和兴趣，设定一个合理的观察时间，如半小时、半天、一周或两周。

观察与记录：在设定的时间段内，"优点侦探"需要仔细观察"被观察者"的行为、言语和情绪表达，记录他们的优点及表现。

分享与交流：在观察期结束后，组织一次分享会。让每个"优点侦探"轮流上台，分享他们所发现的"被观察者"的优点，并举例说明。比如，我觉得小红很有毅力，因为我看到她连续失败了5次还在继续坚持，并尝试用不同的方法来解决问题。同时，鼓励"被观察者"表达自己的感受和想法。

总结与反思：最后，让孩子们通过连线的方式，将发现的优点进行归类和整理，形成一张完整的"优点连连看"图表。这个图表可以让"被观察者"更清楚自己的优点，提升自尊心和自信心。而扮演"优点侦探"的孩子们则培养了欣赏别人的能力，这对他们维护心理健康、未来的人际沟通等都有深远的意义。

3. 游戏延伸

制作优点卡片：将每个孩子的优点制作成小卡片，作为奖励或鼓励，让孩子们随时可以看到自己的价值。

家庭互动：将游戏延伸到家庭中，家长可以参与进来，成为孩子们的"优点侦探"，共同发现和欣赏家庭成员的优点。

学校活动：在学校中组织类似的活动，鼓励学生们相互观察、发现和学习他人的优点，营造一个积极向上的学习氛围。

总 结

发现并成全孩子的优势，是父母最重要的任务之一，但肯定孩子需要得当。三个超实用的游戏法，帮助我们养成会表扬、舍得表扬孩子的习惯。

紧盯劣势，教育之路只会越走越窄。

表扬之道，方法对了，效果倍增。

Chapter

第六章

亲子沟通的艺术：
如何打开亲子沟通的大门

在孩子进入青春期后，父母可能会突然发现，自己与孩子的心理距离似乎在不经意间拉远了，和孩子能聊的话题越来越少，甚至完全不知道孩子在想什么。特别是在孩子出现厌学或其他情绪行为问题时，父母的担忧与焦虑更是达到了顶点。他们渴望了解孩子究竟经历了什么，他们渴望给予孩子必要的帮助和支持。但很多时候，孩子却选择沉默，甚至拒绝与父母沟通，让父母感到束手无策，既着急又无奈。

在与孩子长期相处的过程中，我们逐渐摸索出了一些简单、有效的沟通方法。这些方法对很难沟通的孩子往往也有效，日常的亲子沟通就更不在话下了。

倾听与表达：
"三分钟静音"与"代述"

　　倾听，是亲子沟通中至关重要的一环。但很多时候，父母在倾听孩子时，往往会不自觉地打断孩子，急于给出建议或解决方案。这样做常常会让孩子感到不被理解或被指责，进而产生抵触甚至敌对情绪。

　　为了改善这一状况，我们推荐父母尝试"三分钟静音"的技巧。

　　这个技巧非常简单，就是当孩子开始分享他们的想法和感受时，在三分钟内，父母不打断、不评判、不指责，只是静静地聆听孩子的心声。

　　孩子表达完毕后，父母可以采用"代述"的方式来回应孩子。

　　代述，即用自己的话复述孩子刚才所表达的内容，以确保自己真正理解了孩子的意思。这样做不仅能让孩子感受到被尊

你就是孩子最好的"心理医生"

重和理解，还能帮助父母准确把握孩子的内心需求。

例如，当孩子说："我觉得最近学习压力好大，每天都好累。"

父母可以这样回应："你觉得学习压力很大，每天都感到疲惫不堪，是这样吗？"这样的回应既表达了对孩子的理解，又为孩子提供了继续分享的机会。

通过"三分钟静音"和"代述"这两个技巧，父母可以更加有效地倾听孩子的心声，与孩子建立更为紧密的情感联系。

还有一种情况，就是当孩子不愿意说话时，父母该如何使用这两个技巧？

我们需要把"三分钟静音"稍做改良：跟不说话的孩子沟通时，要少说话，说话时语速要慢一点。

在观察和等待的过程中，用"代述"的方式，尝试把孩子可能的内心想法说出来，引导孩子回应。

当然，跟沉默的孩子沟通，是很不容易的一件事情。

我曾经给一个这样的孩子做过心理治疗。在前两次治疗过程中，孩子一句话都没有说过，但是她会点头摇头，会写字表达。一开始，孩子写，我说话回应。后来，我发现我说一分钟，孩子需要写十多分钟才能回应完。为了跟孩子同频，我也开始不说话，通过写字的方式跟孩子沟通。正是这样的理解和等待，才得以一点点打开孩子的心结，并建立良好的关系。孩子在第三次过来咨询的时候，终于开始说话了。

所以，耐心、细心和包容才是让简单技巧生效的关键因素。

肯定与提问：
"你说得有道理"

　　"你说得有道理"这个练习的关键是：无论孩子说什么，我们回应的第一句都是"你说得有道理"。

　　这一简单的表达方式，实则蕴含了巨大的心理力量。因为我们发现，在亲子沟通中，家长很容易控制不住说教。这一看似有点"弱智"而搞笑的练习，会强迫家长停止习惯性说教，迅速进入换位思考的模式，迅速拉近与孩子的心理距离。

　　并且，这个表达方式也是对孩子的一种肯定。心理学理论强调，无论是来自自己还是他人的肯定，都会增强个体的自尊心和自信心。肯定，被视为一种积极的反馈和激励，能够激发个体的潜能和动力，促进其向着更好的方向发展。

　　在亲子沟通中，父母的肯定能让孩子感受到父母的关心与理解，从而建立起一种信任感，让孩子更愿意分享自己的内心世界。

有家长会问，如果孩子说得不对，或者我们听不懂，还是这样回应吗？是的，我们还是那样回应，但需要配合提问来加以澄清和引导。提问也能激发孩子的思考深度，有助于我们更全面地了解他们的内心世界。

具体操作方法如下。

1. 全神贯注地聆听

当孩子开始分享他们的想法时，确保我们的注意力完全集中在孩子身上。避免分心，如看手机、做家务等，这些都会让孩子觉得他们的话不被重视。此时，我们的眼神、肢体语言和面部表情都是传递关注和鼓励的重要方式。例如，可以微微点头，或者用温暖的微笑来回应孩子，让他们感受到我们的专注和尊重。

2. 即时反馈与认可

在孩子表达完毕后，不要急于给出自己的观点或建议，而是以"你说得有道理"为开头，给予孩子积极的反馈。

3. 深入询问与引导

在表达认可后，可以进一步询问孩子，以了解他们更深入的想法和感受。例如，可以问："你觉得为什么会这样呢？""这个观点是怎么形成的呢？""还可以有其他的解释吗？"等问题。

4. 分享经验与建议（如果适用）

如果孩子的观点或问题与你过去的经验有关，可以适当地分享你的经验和建议。但请确保你的分享是出于支持和帮助的目的，而不是指责或评判。

5. 共同探讨解决方案

在分享完建议后，与孩子一起探讨可能的解决方案或应对策略。在探讨过程中，要保持开放和尊重的态度，不要强行将自己的观点强加给孩子。

下面用一个具体的事例来演示吧。

小明是一个不爱运动的孩子，他经常宅在家里玩手机。父母非常希望他能养成到户外运动的习惯，以增强体质和拓宽视野。

在一次家庭谈话中，小明的父亲决定尝试运用"你说得有道理"的沟通策略来跟小明交流。

父亲："小明，我们注意到你最近经常在家里玩手机，很少出去运动，是吗？"

小明："我觉得还好啊，手机里有很多有趣的游戏和视频，而且出去运动很累。"

父亲："你说得有道理。手机确实能带来很多娱乐，让我们开心。只是玩的时间长，会不会对我们的眼睛和身体造成不好的影响呢？"

小明："可能会吧，但我就是觉得运动很无聊。"

父亲："嗯，你说得也有道理。手机有趣，但玩手机时间长对眼睛和身体都不好；运动对身体好，但可能让你觉得累或者无聊。这个矛盾怎么解决呢？"

小明："我不知道啊。我的时间本来就不多，去运动就玩不了手机了。"

父亲："哦，原来你是担心运动会影响你玩手机的时间，是吗？"

小明："是呀，我好不容易有点时间看看手机，你们又不让。"

父亲："哦，你说得有道理，那我们一起来协调时间吧。这样你能玩手机放松心情，也有时间运动、锻炼身体。"

通过这样的沟通方式，小明的父亲不仅表达了对小明想法的理解和尊重，还通过提问和引导的方式激发了小明的思考。最终，他们一起探讨出了可能的解决方案，并决定尝试一些新的运动项目来提高小明的体质和拓宽他的视野。

当然，在沟通中经常会遇到很多不顺利的地方，比如孩子的不配合、暴躁等，这些都很容易挑战家长的忍耐度。所以，一旦我们感觉自己跟孩子的沟通陷入了困境，自己的情绪受到了刺激，应暂停，调整情绪后再尝试沟通。

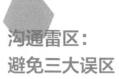

沟通雷区：
避免三大误区

在亲子沟通中，家长们常常会不自觉地踏入某些误区，这些误区不仅阻碍了与孩子之间的有效沟通，还可能对孩子的心理造成负面影响。下面我们就来谈谈这三大常见的沟通雷区，并通过具体例子加以解析。

1. 过度说教

说教，无疑是亲子沟通中最大的雷区。我们总以为，通过讲述一番大道理，就能让孩子幡然醒悟，从此洗心革面、重新振作。然而，现实往往并非如此。

现实是，很多孩子拒绝跟家长沟通，常常是因为家长总喜欢说大道理。在孩子的眼里，这些家长要是不讲大道理，会可爱很多的。道理虽正确，但是重复100遍，也会变得不正确，甚至让人厌恶了。只是当孩子出现问题的时候，家长不说怎么

你就是孩子最好的"心理医生"

行呢，根本控制不住啊。

比如，有一天我儿子跟我说："我一想到明天又要上学了就觉得好不舒服。很希望天天刮大风、下暴雨，我们都不用上学，那该多好。"家长听到孩子这么说，会怎么回应呢？一般是说大道理。还有些家长会用苦情计，说："父母那么辛苦工作，为了你上学真的不容易，你要好好珍惜……"

效果怎么样呢？孩子一开始可能会默默接受，但慢慢可能不会再跟我们说了。因为孩子知道，再说自己不想上学，肯定是错的，肯定要被教育、被批评。但孩子不说，不代表他就理解和接受我们的观点了。如果孩子不想上学的具体原因没有解决，他最后可能会用生病、情绪崩溃来表达情绪，甚至直接不上学了。

这时，有家长会问："不说教，难道让我们放任不管吗？"当然，我们不能让孩子自生自灭，而是要调整管的方法。错误的方式会起到雪上加霜的作用。

我先分享一下我是怎么回应孩子的吧。

我跟孩子说："听你这么说，怎么感觉上学让人很不舒服呢？"

孩子："是呀，一点都不好玩，不自由。"

我："哦，确实是不如家里自由，很多东西都是有规定的。除了不自由之外，还有什么让人不爽的呢？"

孩子："有时候老师很严厉，所以上课有点紧张。"

我:"嗯,我遇到严厉的人也会有点紧张,也不喜欢见到他。还有其他原因吗?"

在跟孩子的互动中,我一步步还原了孩子在学校学习生活的场景,了解到他在学习和人际关系方面所遇到的具体困难。然后我们进行角色扮演、研究对策,让孩子练习新的方法来应对老问题。在这个过程中,我真的有太多想说的话。所以,虽然我自己是心理医生,但还是要反复克制住自己说教的冲动。

后来,孩子跟我说:"妈妈,谢谢你听我讲。其实我就想跟你说一下而已,我并没有真的不想上学。"我这才知道,小孩跟我们说他们不想做某些事情时,其实是想让我们知道他的难、他的苦,并希望我们能做一些实际有效的事情来帮助他们解决问题。原来,疗愈孩子心灵的,常常不是大道理、心灵鸡汤,而是被看见、被允许。

所以,克制住自己说道理的冲动,尝试换位思考,去理解孩子的想法和感受,并且帮助他表达情绪、演练新的方法,这比说教有用千百倍。

2. 说狠话

在亲子沟通中,有些家长在情绪激动时容易说出一些狠话,比如,"我不要你了""你想干嘛就干嘛,我再也不管你了"等。这些狠话往往会对孩子的心理造成极大的伤害。这些家长觉得,现在的孩子太娇气了,受不了苦,受不了气,不能惯着,该说就说。

事实上，现在的孩子虽然物质上比我们小时候丰富，但精神上比我们以前苦多了。从小就被送到各种培训学习班，失去了很多自由玩耍的快乐。过早被灌输不要输在起跑线上的人生理念，过早进入拼搏的人生赛道，没有多少真正属于自己的快乐时光。他们一直在忍耐，一直在努力。尤其是那些来就诊的孩子，多数都是非常刻苦努力的孩子，只是在屡战屡败之后万念俱灰、毫无生气。所以，现在的孩子不是娇气，而是精神环境的压迫太严酷了，他们已经受不了了。我常常跟他们说，阿姨非常佩服你们，可以做到从早到晚、全年无休地学习。你的父母性格比较急，我跟他们相处一会儿都感觉不舒服，你们一直在忍耐，很了不起。

很多孩子不会直接说出内心感受，而是以各种家长无法接受的言行表现出来。在这种情况下，家长很容易情绪失控、说狠话。这两个因素一结合起来，沟通就不存在了，甚至会导致更严重的后果。

2019 年 4 月 18 日，一段标题为"男孩不满母亲批评，跳卢浦大桥丧生"的视频在网络传播，引起了广泛的社会关注和讨论。现场监控视频显示，当时上海卢浦大桥上车辆较多，但一辆白色小轿车突然停在中间车道，后方车辆不得不变道行驶。几秒钟后，坐在车后排的男子打开车门，跑到桥边跳下。一名女子紧跟其后，却来不及伸手拉住，随后跪地痛哭。调查显示，跳桥的是一位 17 岁的男孩，而那名女子是他的母亲。孩子在学校与同学发生矛盾，母亲在接孩子回来的途中批评孩子，导致孩子突然情绪激动，趁车辆停在引桥处时从桥上跳下。

我们不知道这对母子当时在车上发生了什么，也很痛心他们的遭遇，更加不敢想象这位妈妈日后的人生怎么过。让人揪心的是，在现实中，这种不当沟通方式导致严重后果的例子真的不少。很多家长说着最狠的话，却做着最无力的事情。

例如，有一次，有一个妈妈冲进门来跟我说："孩子一天打好几次电话给我，说不想上学了，好烦，我都要崩溃了！"

我跟这位妈妈说："你最好先控制好情绪，这样会影响孩子的。"

这位妈妈继续喊道："他要死就死！他死了我一滴眼泪都不会流！"

我问："他如果有意外，你真的不在乎吗？"

这样一问，这位妈妈的眼泪就哗哗地流下来了。

其实她心里很着急，很在乎孩子，但她根本不知道如何帮助孩子，很无奈。而且，她说出的话还可能导致孩子的情绪失控，产生更严重的后果。所以，我们要认识到恶言恶语巨大的杀伤力。在情绪激动时，请家长务必保持冷静和理智，避免说出伤人的话语。如果实在控制不住自己的情绪，可以先离开现场，等自己冷静下来再尝试沟通。

3. 只谈学习

在当下高压的社会环境中，许多家长过分关注孩子的学习，

你就是孩子最好的"心理医生"

除了谈学习之外，跟孩子似乎就没有别的话题可聊。

以小刚为例，他对手工艺有着浓厚的兴趣，每完成一件作品都渴望能与父亲分享自己的喜悦与成就感。然而，每当他试图与父亲交流这些话题时，父亲总是会将话题生硬地转向学习："你与其花时间在画画上，不如多学习一会儿。"这样的回应，无疑给小刚的热情泼了一盆冷水。久而久之，小刚便不愿再跟父亲分享自己的兴趣和感受。如果有一天小刚突然变得沉默或暴躁了，父亲可能会很茫然，根本不知道孩子为什么会变成这样。

为了改变这一现状，我们不得不提到一个词：松弛感。松弛感是一种轻松、自在的心理状态。我觉得，松弛感是当前社会的一种缺失。虽然我们的生活条件比从前更好了，但内心的焦虑不安却一点儿都没有减少。比如，买了小房子，要追求更大的房子；有了一定的存款，还要追求更多的存款，每天都在无休止的奋斗和努力中。家长如此，不知不觉中就会把这种焦虑蔓延到孩子的教育中。

其实，我们并不否认学习在孩子成长过程中的重要性。当孩子主动谈及学习时，家长可以提供宝贵的建议和意见。但关键在于，家长应避免过分强调学习的重要性，而是引导孩子找到学习与兴趣之间的平衡，让他们在学习的同时，也能追求自己的热爱。

松弛感与学习之间并非矛盾关系，而是相辅相成的。适度的松弛感有助于孩子在学习之余得到充分的休息和放松，从而以更好的状态投入到学习中。同时，松弛感还能激发孩子的创造力和想象力，帮助他们在学习中取得更好的成绩。

更进一步说，松弛感的培养不仅关乎孩子的现在，更影响他们的未来。一个具备松弛感的人，往往能够更好地应对生活中的挑战和压力，保持良好的心态和情绪。这对孩子成年后的工作、生活和人际关系都有着深远的影响。因此，家长需要重新审视自己的教育观念，将松弛感融入孩子的日常生活中。

首先，家长应尝试去了解并尊重孩子的兴趣爱好，给予他们足够的自由空间去追求自己的梦想。当孩子在学习之余投入到自己热爱的活动中时，他们不仅能够获得快乐，还能在轻松的氛围中培养创造力和团队协作能力。

其次，家长应鼓励孩子在学习与兴趣之间找到平衡。学习固然重要，但过度的学习压力会让孩子感到疲惫和焦虑。因此，家长应引导孩子合理安排时间，既保证学习效率，又不错过生活中的美好时光。在这个过程中，孩子会逐渐学会如何调整自己的心态，以更加轻松、自在的方式面对生活的挑战。

最后，家长自身也要学会放松。作为孩子的榜样，家长的言行举止会对孩子产生深远的影响。当家长能够以轻松、乐观的心态面对生活中的种种挑战时，孩子也会受到感染，学会以同样的方式去应对生活中的压力。

综上所述，亲子沟通中的三大误区包括过度说教、说狠话以及只谈学习。为了建立有效的亲子沟通，家长应该学会换位思考、控制情绪并关注孩子的全面发展。只有这样，才能够真正理解孩子的需求，帮助他们健康成长。

最后需要强调的是，亲子沟通是一个持续学习和练习的过程。家长应该保持耐心和信心，不断探索适合自己家庭情况的沟通方法。同时，也要鼓励孩子主动表达自己的想法和需求，共同构建一个开放、包容、充满爱的家庭环境。

总 结

亲子沟通很重要，也需要方法。"三分钟静音"静默以待，"代述"心声共鸣，耐心、细心和包容，是关键。"你说得有道理"，一句魔力开场，开启亲子心灵对话的无限可能。警惕破坏沟通渠道的三大误区：过度说教、说狠话和只谈学习。

Chapter

第七章

家庭习惯培养：
好习惯铸就美好家庭

心理学上有一个著名的"破窗效应"，它指的是环境中的不良现象如果被放任存在，会诱使人们仿效，甚至变本加厉。同样，如果家庭中存在着不良习惯，如家长经常迟到、不守承诺等，也会影响到孩子，让他们形成不良的习惯。

古罗马诗人奥维德有一句经典名言："没有什么比习惯的力量更强大。"

著名成功学大师拿破仑·希尔也说过："习惯决定成败。"

著名的贝尔实验室和3M公司经过近十年的研究，得出了一个令人吃惊的结论：使一个人比其他人更优秀的最重要因素，不是智商高，也不是社交技巧，而是具备良好的习惯。

我常常把家庭比喻成机器，而孩子就是产品。没有好的生产机器，怎么会有好的产品呢？因此，培养好的家庭习惯对于家庭和谐与孩子成长至关重要。下面是三个有效的家庭习惯。坚持下去，个人会更健康，家庭会更和睦。

147

家庭仪式感：
家庭日的设置要点

要培养家庭习惯，设置家庭日是一个非常重要的环节。家庭日是指相对固定的时间内，家庭成员共同活动。通过家庭日，我们可以加强家庭成员之间的联系，培养共同的兴趣爱好，同时也可以在活动中培养良好的家庭习惯。

家庭日要怎么设置呢？

1. 传统与个性相结合

在设置家庭日时，我们可以将传统习俗与家庭特色相结合。

传统节日，如春节、中秋节、元宵节等，一般有包饺子、赏月、猜灯谜等传统活动，我们应季而行就可以了。在传统节日，我国一般会放假，学校也会组织相应的活动。我们带着孩子一起包饺子、做汤圆、做花灯等，将家庭的小传统与民族的大传统结合起来，这个比较容易实现。但传统节日有限，只将传统节日设置为家庭日是不够的，我们需要注意的是日常家庭日的设置。

日常家庭日是什么意思呢？下面以我家为例来说明吧。

我们兄弟姐妹几个都有自己的孩子，周末我们常常会聚在一起，孩子们从小就习惯了周末一起玩。他们有独立的空间，自由玩耍，大人不能随便打扰和干涉。孩子们在一起玩能释放压力，学会跟别人交往，这对孩子的心理健康是非常重要的。

我们也有一些固定的设计，比如要先完成作业才能一起玩，必须找一个半天到户外去玩，这就是"周末公园日"。我们一般选择在家附近的公园，玩沙子或玩趣味小游戏，并设计奖励，孩子们玩得很投入也很开心。而大人们说说笑笑，把一周以来生活工作中积压的烦恼和压力释放出来。遇到困惑，大家相互讨论，这对解决问题也有很好的帮助。

每个家庭都有其特殊性，我们不能一概而论，而是需要根据自己家庭的情况，设置适合自身情况的家庭日。

2. 易实现

在设置家庭日时，我们要注意活动的易实现性。不要设置过于复杂或难以实现的活动，否则可能会让家庭成员感到有压力或失去兴趣。

比如，有些家庭的要求比较高，需要开车出行，需要找山清水秀的地方，需要准备很多物资，出行时浩浩荡荡。在人手和时间充分的情况下，这种方式确实能带来很好的体验。但在日常生活中，我们的时间精力有限，如果为了出行忙前忙后，大家身心疲惫，或者相互争吵埋怨，则很难坚持下来。

相反，我们应该选择一些简单、有趣、易于实现的活动，让家庭成员在轻松愉快的氛围中共同参与。除了刚刚提到的"周末公园日"之外，我家还有一个"家庭会议日"。我们不定时在家里找一个房间，全家人围坐在一起，开一个"表扬大会"或者"随便说"大会。这些家庭日的重要的特点就是容易实现。因为有这样的设置，我们更容易减少外界干扰，更聚焦于自己的内心感受，也能更深入地了解别人的看法，这比平时我们随意沟通更有效。

3．重视感受

设置家庭日的目的是加强家庭成员之间的联系和感情，而不是追求形式或结果。因此，在设置家庭日时，不要过于在意活动的形式或结果是否完美，而是要关注家庭成员在活动中的互动和感受。让家庭成员在参与中感受到快乐和温暖才是最重要的。

比如，有位家长要带孩子出去玩。出发前，孩子行李收拾得不好，她批评；孩子上车前拖拉，她批评；孩子不服从家长安排，她批评；孩子不定时喝水，她批评。在这个过程中，孩子最大的感觉就是：我什么都做不好，我妈妈对我除了批评、就是批评。对孩子来说，这种活动就是一种折磨，以后再想让孩子跟家长出去就很困难了。

活动本身就是一种体验，没有绝对的对错，也不需要刻意追求什么结果。如果我们带着培养孩子动作迅速、动手能力强等目的，那就不是设置家庭日的初衷了。在家庭日中，让孩子体会到家长的爱、无条件的支持才是最重要的。当然，孩子在这种积极的体验中，肯定会得到成长。

4. 让孩子参与决策

在设置家庭日时，让孩子参与决策是非常重要的。因为孩子对"被安排"的事情通常不太感兴趣，但如果是他们自己安排的事情则更容易投入其中。

我们可以让孩子参与家庭日的策划和组织工作，让他们提出自己的建议和想法；让孩子在家庭日中担任主要的角色和承担任务，如担任家庭运动会的裁判、主持家庭电影之夜等。在一次次的策划和主持中，孩子的组织能力和自信也能得到提高。

但是，如果孩子自己没有想法，怎么办？

在孩子没有自己的想法时，我们可以根据孩子的年龄和兴趣提供选择项目。比如，对于年龄小的孩子，我们可以提出去海边玩沙子、去游乐场等；对于大一点的孩子，我们可以提出去玩真人 CS、卡丁车等。在这个过程中，一定要注意同辈的力量。约上同龄的孩子或者好朋友，孩子会更愿意参加。

如果孩子提出的要求太过分，比如，孩子说所有的比赛都只能是我赢，家长怎么办？

如果只有一个孩子，那我们可以装傻，让孩子多赢一点。

在孩子的游戏能力提升后，我们也可以适当提高能力，对孩子提出挑战，这可以刺激孩子进步。我们也可以在孩子"赢"的时候，表现得很"沮丧"，让孩子学会安抚我们。我们也可以"不配合"游戏，让孩子学会协调，感受不合作带来的困惑。当然，在游戏过程中，我们还可能遇到其他问题，只要灵活处理就好。

如果有几个孩子参加，那就需要一起讨论游戏规则了。我们需要保证每一个参与的孩子都有决策的权利，也有相应的角色和任务。如果有争议，那就轮流体验。

家庭平衡术：
找好人生的节奏感

我们生活在一个高度竞争和快节奏的社会环境中，这种"卷"的现象似乎无处不在，从大人到孩子，几乎无人能幸免于这种压力和焦虑。

大人"卷"，是因为生活压力，社会对成功的定义往往与物质财富、社会地位等紧密相连，导致大人们不得不努力工作，以期为自己和家人提供更好的资源。

孩子"卷"，是因为现在很多地区中学的升学率只有 50% 左右，加上"只有成绩好，未来才有出路"的观念，孩子们除了全力以赴，似乎别无选择。

但这种"卷"，造成家长焦虑，家人争吵不断，家庭气氛紧张，人人都不幸福。我们和孩子一起练习平衡术，让个人和家庭都找到适合自己的节奏，重建家庭的平衡，重拾幸福。

153

家庭平衡术的具体实施步骤如下。

1. 寻找目标与意义

首先，家长与孩子一起把当前日常生活、工作、学习的任务详细列出来，包括每日、每周、每个月的任务。

比如，家长日常生活的任务包括买菜、洗衣服、接送孩子、搞卫生等，日常工作包括回复邮件、应对老板随时的吩咐、跟客户交流、外出应酬等。

孩子每天的学习生活包括洗漱、做作业、收拾书包、上兴趣班、做家务等。

列出任务之后，接着就是讨论和筛选目标了。

比如，有的家长发现自己的日常生活任务太多了，很难完成或者很容易因为外界干扰而无法完成，那其他人就需要分担，或者有候选的计划。有些超出当前家庭能力的任务就要适当减少。

在孩子的目标筛选上，家长可能会列出很多需要孩子做好的地方。但是，过犹不及。如果对孩子的要求过高，会导致孩子产生畏难或抗拒心理，最后一件事都做不好。所以，在确定孩子的目标时，一次最好不要超过两个。比如，很多家长希望孩子养成讲卫生的习惯。这件事要细分具体的目标，比如，每天洗澡，睡前刷牙，做完作业收拾桌子等。在列每周的目标时，家长都跟孩子商量，他们要做哪一件事，只做好这一件事就行。

在讨论和筛选目标时，很可能会出现对方不认可的情况，

你就是孩子最好的"心理医生"

尤其是孩子不愿听从，怎么办？我们每个人做事都有自己的需求。在意见不统一时，我们需要把自己内心的需求、这样做的意义表达出来，同时也倾听对方的需求，相互满足。尤其在跟孩子讨论的时候，我们要把做某件事情的意义告诉他，这比直接指挥他更有效。

比如，我送小儿子上学，很希望他自己拿书包。他总说："你是大人，你拿，别人家都是大人拿的。"有一次，我肩周炎发作，拿东西时手臂痛得我眼泪都出来了。儿子看到了，马上把书包拿过去了。我趁机跟他说："妈妈慢慢老了，身体有时会不舒服，照顾不了你。所以，你要多做事情，学会照顾自己，照顾妈妈哦。"儿子这才知道我为什么要他自己做事情，后来就主动多了。我们不做全能的父母，孩子才能有更多成长的空间。

2. 制定时间表

根据目标制定一个详细的时间表。这个时间表可以包括每日、每周或每月的计划，并明确列出每项任务的时间段。

我是医生，平时比较忙，除了白天的临床工作之外，我还需要开会、写论文、搞科研、讲课、学习，等等。如果在工作中遇到闹心的事情，就很容易积压负面情绪。我会把自己的任务用时间表来安排好。比如，每天上班，我有固定的出诊时间，这个时间段我按部就班就好，无须特意安排。会诊时间可能不确定，那我可以安排在门诊空隙或下午下班后。最重要的是，个人学习提升时间与家庭任务的协调。我会根据家庭的实际情况和学习提升的要求，对不同的事情进行取舍，尽量不让自己太累，不耽误家庭事宜。这个时间表最重要的作用是，我在每个时间段需要特别关注的事情只要1~2件。这样做，可以大大减轻我的心理压力，尽量做到充实而不太累。

我再举一个孩子的例子吧。

有一名高三的孩子来咨询。她虽然只有18岁，但头发已经半白，让人心疼。她为什么会变成这样呢？因为她没有做好时间规划，压力过大，焦虑、抑郁、失眠。她其实是一位复读生，还有两个月就要高考。虽然是复读，但是她依然觉得每个科目都有很多知识点没有学完，所以就从早上6：30到晚上10：30，把学习任务安排得满满的。但是她经常到晚上10点多准备睡觉时，发现好多上午的任务都没有完成，因此非常焦虑，躺在床上很难入睡。有时一直躺到夜里1点多都没有睡着，她觉得躺在床上睡不着也是浪费时间，还不如爬起来学习。但是爬起来之后，她又发现自己根本学不进去。强迫自己学到3点多，觉得不能再熬了，便又躺回床上。迷迷糊糊没睡多久，到6点又要起床了。这个孩子在这几个月反反复复的煎熬中，头发就变白了。

为了让她能更高效、更轻松地应对两个月后的高考，我们就给她做了时间安排。按照剩下八周的时间来算，每科只有一周左右的复习时间。在这一周时间里，她不可能把所有的知识都复习一遍，而是要复习每科的重点和难点。比如语文，要记

100 多个实词，但只考选择题，时间来不及的话可以直接放弃，不用为了这几分付出那么多时间。而作文和阅读理解的分数很多，并且通过找到作文的思维模式、阅读理解的答题规律，短期内会有很大提分的可能，值得花时间研究。

我们再以每周为一个观察点。如果能够完成所选出来的学习任务，那证明这个计划是可行的。但如果很多科目的任务都完不成，那说明我们想要的太多，而时间精力不够，需要把任务再进行分析和重新选择。在一周又一周踏踏实实的学习中，时间不知不觉就过去了，孩子的情绪稳定很多。加上每天都有收获，学习成绩自然就能稳步上升。这个孩子最后高考的成绩比模拟考试高了二十多分，也是得益于这种时间规划方法。

3. 建立反馈和奖励机制

为了保持动力，我们可以建立反馈和奖励机制。

反馈一般包括处罚和奖励两个方面。适当的处罚，在教育中肯定是很有必要的，它可以作为一种引导，帮助孩子认识到自己的错误并加以改正。但是，处罚的方式和程度必须恰当，不能伤害孩子的自尊心，更不能体罚或变相体罚。最重要的是，处罚一定要让孩子心服，而不仅仅是口服。心服意味着孩子真正理解了自己的错误，并愿意改正；而口服则可能只是孩子表面上顺从，内心并没有真正接受。

比如，我们曾为了孩子上厕所时不掀马桶圈这件事而很头痛。我们跟孩子说，不掀起马桶圈会弄脏马桶圈的，这样女士上厕所就很不方便。孩子们也理解这样的建议，但有时就是做不到。为了让孩子得到处罚，我发现孩子在没有掀起马桶圈就小便后，便把他们叫过去，并建议他们坐上去试一下。他们自己低下头发现了马桶圈上的尿渍，都感觉很恶心，都不想坐上去。这次之后，他们这种行为就减少了。后来，我又发现他们上厕所时没有掀起马桶圈。为了加深印象，我特意往马桶圈上洒了水，并告诉他们这是尿，坚持让他们坐上去体验。这次，他们真的知道什么是恶心了。这个"马桶圈事件"总算是解决了。

心理学认为，奖励能够引起人们的注意，激发他们的兴趣和动力。孩子天生就有一种追求奖励的欲望，当他们看到自己的努力会带来奖励时，会感到满足和愉悦，激发自豪感和自尊心，从而更有动力去追求成功。所以，跟孩子设置反馈制度时，应以奖励为主，处罚为辅。

在为孩子设立奖励制度时，选择合适的奖励物品或活动非常重要。下面是一些可供参考的合适奖励。

（1）物质奖励。

书籍或杂志：如果孩子喜欢阅读，可以奖励他们感兴趣的书籍或杂志。这不仅能满足他们的兴趣，还有助于培养他们的阅读习惯。

文具或绘画用品：对于喜欢学习或绘画的孩子，新的文具套装、彩色笔、绘画本等会是很好的奖励。

益智玩具：如拼图、乐高积木等，这类玩具既能满足孩子玩耍的欲望，又能促进他们的智力发展。

运动器材：如果孩子热爱运动，可以奖励他们足球、篮球、跳绳等运动器材。

（2）非物质奖励。

特殊活动：如去动物园、科技馆、博物馆等孩子感兴趣的地方游玩。

额外的游戏时间：允许孩子在完成学习任务后，获得额外的电子游戏或户外活动时间。

家庭电影之夜：让孩子挑选一部喜欢的电影，全家人一起观看，享受家庭时光。

特权卡：制作一些特权卡，如"免做一次家务卡""晚睡一小时卡"等，让孩子在特定情况下使用。

（3）个性化奖励。

考虑孩子的个人兴趣和爱好，为他们量身定制奖励。例如，如果孩子对音乐感兴趣，可以奖励他们几节音乐课程或音乐会的门票；如果孩子对科学感兴趣，可以奖励他们参加科学营或购买科学实验套装。

无论选择何种奖励，关键是要确保奖励与孩子的努力和成就相匹配，并且能够激发他们的积极性和动力。同时，也要避免过度奖励，以免孩子变得过于依赖奖励而失去内在的学习动力。

亲子智囊团：
定期复盘的设置

复盘是什么意思呢？复盘这个词最早是在围棋中使用的。在对局结束后，棋手会重新在棋盘上把下棋的过程再摆一遍，以分析每一步棋的质量和动机。这个过程被称为复盘，主要是为了提高棋艺。随着时间的推移，复盘的含义逐渐扩展，不再局限于围棋。它现在被广泛应用于各个行业，如商业、管理、学习、竞技等，成为一种反思、总结和提高的方法。

在家庭中，亲子定期复盘是一个促进亲子沟通、增进相互理解并共同成长的良好习惯。下面是一些具体的建议和例子。

1. 确定复盘的时间和地点

设定固定的复盘时间。例如，在每周日的晚上，全家人坐在一起进行一周的复盘。这样的定期复盘可以让孩子和家长都形成一个习惯，并期待这个交流时刻的到来。

你就是孩子最好的"心理医生"

选择舒适的复盘环境。可以在沙发上或者餐桌旁，只要是一个让家庭成员感到放松和愿意分享的地方就可以。当然，如果家庭有更多的选择，也可以灵活安排。

复盘时间和地点固定时，人们会形成心理预期，并为此做好准备。这种预期有助于提升人们复盘时的认真程度和投入程度，从而得到更有价值的复盘结果。并且，固定的时间和地点有助于形成复盘的习惯，减少因时间、地点变化而带来的适应成本。所以，复盘的时间和地点相对固定会比较好。

2. 复盘的内容

当我们选择好时间、地点，坐下来之后，具体要怎么复盘呢?

分享各自的进步：孩子可以分享这周学到了什么、遇到了什么，家长可以分享在工作、生活中的收获或困惑。

讨论遇到的问题：孩子可能遇到了学习上的困难或者与同伴之间发生了矛盾，家长可能遇到了工作上的挑战。在复盘时，可以把这些问题提出来，共同讨论解决的办法。

轮流发言：家长应把孩子视为平等的沟通伙伴，尊重孩子的意见和感受。每个家庭成员都有机会发言，分享自己的经历和感受。这样可以确保每个人的声音都被听到，每个人的经历都被重视。

使用记录工具：可以用笔和纸或者电子设备记录下每个人分享的内容和讨论的重点。这样不仅可以回顾过去，还可以追

161

踪目标的完成情况。

共同制订目标和计划：在复盘过程中，家长可以与孩子一起制订下周的目标和计划，确保目标是具体的、可衡量的。这不仅可以增强孩子的目标感，还能让他们感受到家长的关心和支持。

3. 复盘的注意事项

给予肯定和鼓励：复盘不是为了批评和指责，而是为了共同进步。家长要及时发现并肯定孩子的进步和努力，给予他们正面的反馈和鼓励。这可以增强孩子的自信心和积极性，让他们更愿意与家长分享自己的经历和想法。避免在复盘时对孩子进行过度的批评或指责，否则可能会让孩子产生抵触情绪。

使用"我"语言：家长可以使用"我"语言来表达自己的感受和观察，例如，"我注意到你这周在学习上花了很多时间，我感到很欣慰。"这种表达方式可能让孩子更容易接受家长的观点。

提出问题，引导思考：家长可以提出开放性问题，引导孩子深入思考自己的行为和经历，例如，"你觉得这周在学习上有什么收获吗？"或者"你觉得在哪些方面可以做得更好？"

如果孩子觉得无聊，家长可以引入游戏元素：家长可以尝试将复盘过程设计成一种游戏或挑战，通过竞赛或奖励的方式激发孩子的参与热情。还可以利用可视化工具，如使用图表、

你就是孩子最好的"心理医生"

思维导图等来辅助复盘，让孩子更直观地看到自己的进步和需要改进的地方。

4. 复盘的例子

下面是一个具体的家庭复盘记录，可以帮助你更好地理解这个概念。

时间：××××年××月××日，周日晚上7点。

地点：家里的客厅。

参与人员：爸爸、妈妈和小明。

复盘开始：

妈妈作为主持人开场："好，我们现在开始今天的家庭复盘会。每个人都来分享一下这周自己的进步和遇到的问题吧。"

小明的分享：

进步：我这周在数学上取得了很大进步，解决了几何问题，感觉对数学更有兴趣了。

问题：在英语阅读理解上还是有些困难，有些单词不认识，导致理解有误。

爸爸的分享：

进步：这周成功完成了一个重要项目，得到了领导的表扬。

问题：工作上有些压力，需要更好地平衡工作和生活。

妈妈的分享：

进步：开始学习瑜伽，感觉身心都得到了放松。

问题：在烹饪新菜品时，总是掌握不好调料的比例。

讨论环节：

爸爸先肯定小明的努力和进步，然后建议小明利用英语学习软件来提高词汇量，并承诺每天抽出时间陪小明一起阅读英文文章。

妈妈和小明一起为爸爸出谋划策，如何更好地平衡工作和生活，比如利用周末时间进行短途旅行来放松心情。

小明建议妈妈可以尝试使用烹饪量杯来精确控制调料的比例，妈妈欣然接受了这个建议。

制订目标与计划：

小明计划下周每天利用碎片时间学习 10 个新单词，并在周末与爸爸一起阅读英文文章。

爸爸决定每周三晚上不加班，回家陪伴家人并进行放松活动。

妈妈打算购买烹饪量杯，并尝试每周学习一个新菜品。

通过这个例子，我们可以看到家庭复盘不仅是一个总结和反思的过程，更是一个促进相互理解、相互支持的机会。我们每个人都是家庭的智囊团，一家人相互帮助，每个人都能在这个过程中找到自己的价值和方向，成长为更好的自己，家庭也会越来越好。

总 结

　　家庭是系统，力量比个人更强大。调整家庭习惯，有利于每个家庭成员和整个家庭的健康幸福。家庭日是情感的纽带，让爱在共同活动中悄然生根。家庭平衡术如同指南针，引领我们找到内心的宁静与和谐。复盘是家庭成长的催化剂，让每一次经历都成为前进的阶梯。奖励如阳光，温暖而激励；处罚需谨慎，旨在引导而非压制。

　　家庭如工厂，习惯为模具，孩子为产品。

实战篇

青少年心理难题的解决之道

Chapter 8

第八章

青少年常见情绪行为
问题的解决策略

孩子一说自己不开心就是抑郁症吗?

小雅是一名 14 岁的女孩,父母感觉她上初中以后就慢慢变了,话少了,回家后经常把自己关在房间里。她脾气变得暴躁,会跟父母顶嘴,甚至喊叫,很难沟通。她经常说不开心,有时还会偷偷哭。更严重的是,孩子不愿意上学了。父母这才不得不带孩子来看医生,而且想知道:孩子到底有没有心理问题?

经过检查,我们诊断这个孩子得了抑郁症。

父母很疑惑:孩子一说自己不开心,就是抑郁症吗?

确实,每个人都难免有不开心的时候,但真的不是一不开心就是抑郁症。不开心,可能只是一种抑郁的情绪,是我们对周围事物的一种正常情绪反应。医生是根据什么来诊断孩子得了抑郁症呢?

我们是根据孩子的症状来诊断抑郁症的,比如不开心、很累、对什么都不感兴趣、头晕头痛、变笨了,等等。这些症状需要达到一定的程度和时间，才能作为诊断抑郁症的依据。比如，孩子明显不开心且持续两周以上，同时还有其他改变：经常发呆、注意力不能集中、易怒、不想见人、不爱说话、不想吃饭、睡不着，甚至有自伤行为等，才考虑可能是得了抑郁症。

父母有点顾虑：孩子平时看起来没什么，尤其是看手机时就特别开心，但一上学就不开心，她是不是装病逃避学习呢？

确实，上述抑郁症的诊断标准多是孩子的主观感受，没有客观的证据证明。比如，一个人血压高，可以测血压；脑梗死，可以查头颅 CT 等。但不开心怎么用这些客观的检查来证明呢？在这种情况下，我们除了相信孩子的感受和想法之外，没有别的更好的方法。即使孩子是装病，真正目的是不想上学，我们也不能直接拆穿孩子的"谎言"。孩子可能是在用这种委婉的方式传达他们内心的感受，是在提醒家长需要关注孩子的情绪了。装病和真病的孩子一样可怜，一样需要我们的帮助。我们需要解读孩子"谎言"背后真正的需求，让孩子直接表达自己的感受和需求，这样才能预防孩子从装病发展到真病。

你就是孩子最好的"心理医生"

孩子为什么会得抑郁症呢?

小雅的父母感到很疑惑:我们家庭和睦,对孩子也很好,孩子为什么还会得抑郁症呢? 其实,抑郁症的病因复杂,是生物、社会、心理等多种因素相互作用的结果。

1. 生物因素

生物因素包括遗传和大脑神经递质功能失调两大因素。

关于抑郁症遗传的研究还没有定论。关键是,就算抑郁症跟遗传有关,目前我们也没有办法改变自己和孩子的基因,等于是注定的。所以,纠结这个因素对于家长来说没有什么意义。父母的性格、家庭气氛和教育方式等,其实对孩子的心理影响更大。更重要的是,家庭气氛和教育方式等是可以调整的,也是我们可以共同努力的方向。

大脑神经递质功能失调,是指抑郁症患者大脑中某些被称为神经递质的化学物质出现功能紊乱,如 5- 羟色胺功能降低,或者多巴胺、去甲肾上腺素等神经递质异常。这个因素可以通过药物进行调整。

2. 社会、心理因素

社会、心理因素是导致孩子患抑郁症最重要的因素，主要包括三方面：学习压力大、人际关系不良和家庭因素。这方面的因素我们在第一章已经详细讨论过了。

遗憾的是，在家庭因素方面，父母和孩子的认知常常不同。父母认为自己对孩子很好了，但小雅却觉得父母总是在给她施压，以爱的名义给她安排了太多她不想要的学习任务。每次她跟父母说累，父母总是讲各种大道理，让她在父母面前无法畅所欲言。她觉得自己就是一个学习机器，父母根本不关心她的感受。

父母在得知小雅的想法后，感到非常心痛，也很自责、很后悔。他们特别想知道，究竟自己该怎么做才能帮助孩子战胜抑郁症呢？

孩子得了抑郁症，家长该怎么做？

我们给小雅的父母提出了以下几条建议。

1. 家长调整好自身的情绪，就是对孩子最大的帮助

抑郁症孩子的背后，常常有脾气暴躁的父母、关系紧张的家庭。对孩子而言，情绪稳定的父母、温馨和谐的家庭氛围，是最好的疗愈方式。

还有一部分家长，家庭关系尚好，也不乱发脾气，但敏感脆弱，孩子有一点风吹草动就紧张不已，忧心忡忡。孩子看到父母的情绪崩溃，心里会更难受。所以，为了不给父母添堵，孩子会选择不说。而孩子不跟父母说，自己也没有其他途径排解心中的郁闷，就很容易出现心理问题。

还有些家长，平时家庭关系尚可。但在孩子得了抑郁症后，家庭成员开始相互埋怨、意见不统一、争吵不断。这些行为对孩子情绪的影响无异于雪上加霜。

父母情绪稳定才能对孩子起到"抱持"的作用，让孩子感受到被理解、被接纳和被爱，孩子才能在父母的支持中，一步步走出抑郁症的阴霾。

关于如何调整自己的情绪、营造良好的家庭氛围，我们在第四章已经详细介绍过了。

2. 调整认知：健康第一位，学习第二位

很多孩子从小就被灌输了"卷"的思想。在同学"卷"、学校"卷"的影响下，家长们不得不"卷"。甚至，在孩子出现心理问题之后，依然是抱着侥幸的心理，让孩子带病上学。只是没有解决好孩子的情绪问题、调整好孩子的状态，孩子如何坚持上学？而且，如果学校老师发现了孩子的情况，也会建议家长把孩子接回家的。

小雅原本性格温和，虽然曾经说过不想上学，但在父母的劝说下，可以坚持上学。后来，小雅的情绪崩溃了，每天焦虑、失眠，甚至伤害自己，父母才允许她休息。小雅的父母说："我们不关注成绩，不给孩子压力，只要孩子坚持上学就行。"但是，小雅在家的时候，父母经常在她面前叹气，这种无形的压力让她感觉很窒息。所以，只有调整了认知，父母才知道怎么跟孩子聊天，才能减少对孩子造成的有形和无形的压力。

3. 努力去成为孩子的朋友

在小雅出现问题之后，父母也知道需要跟孩子沟通，因此常常跟孩子说："你有什么一定要跟父母说呀，我们一定会帮助你的。"但是，小雅就是不说话，父母根本不知道孩子内心的想法和感受。看到小雅经常看手机、懒懒散散的，父母又忍不住说她。

这种说教会被孩子解读成指责。孩子内心会想：我已经很难受了，你还指责我，走开！孩子不会直接表达想法和感受，而是以暴躁的形式来发泄。这种暴躁很难控制，是一种病，不是孩子不懂事或者人品问题。

小雅的父母感觉很苦闷：那我们到底要怎么说话呢？我也想像教唱歌一样，教他们一些固定的话术，比如礼貌用语："您好""很高兴认识您"等，但每个孩子都不一样，没有这种固定的话术。

小雅的父母是经商的，我问他们："你们怎么跟重要的客户交流呢？"他们说有自己的方法，最难的客户也能搞定，唯独对自己的孩子没有办法。

我说，那就用你们对待重要客户的方法跟孩子交朋友。父母一直习惯了对孩子的问题直言不讳，而他们要克制自己的说教和指挥，真的不容易。但当他们转换了心态，把孩子当成重要而难缠的客户时，他们的视野就打开了，跟孩子相处时不再束手无策了。

4. 在孩子表达负面情绪时，保持耐心和理解，不轻易打断或评判

很多孩子的抑郁情绪，不仅仅是因为当前的困扰，还有很

177

大一部分是来自既往不愉快的经历。而孩子记忆中的不愉快，可能是家长忽略的那一部分，是亲子双方的信息不对等。

比如，孩子说："你在哪年哪月哪天打了我，每次我想起来都很难受。我讨厌你！"家长可能不记得了，就会打断孩子："我有做过吗？就算是，那我为你付出了那么多，你为什么不记得？你怎么那么记仇呢？要学会感恩，而不是记仇！"

孩子听了，心里会想：好吧，是你们要我说真话的，但我一说出来，你们又说我错了，说我不懂得感恩。你们都是对的，那我不说了，好吧。

然后，亲子沟通之路又断开了。

所以，我们一定要保持耐心和开放，鼓励孩子表达自己的感受和想法。他们不需要我们的解释，而是需要发泄，需要我们的允许和支持。甚至，我们还可以通过角色扮演或模拟情境的方式，让孩子把积压在心里的难受情绪发泄出来。只有这样，才能帮助孩子解开陈旧的心结，开心快乐起来。

药物治疗，会不会副作用很大？

如果孩子抑郁症状严重，出现了自伤自杀行为，并伴有各种身体不适，有记忆力下降等认知功能障碍时，药物治疗是很有必要且很有用的。但是家长会担心药物治疗的副作用大，不敢给孩子吃药。如果没有消除家长心中的这些疑虑，他们是不同意给孩子吃药的。

家长担心的问题有：药物有依赖性，会影响孩子发育，等等。

我们从抑郁症的原因那一部分知道，抑郁症是一种病，有生理基础，尤其是大脑神经递质的功能失调。大脑的神经递质本来就是每个人都应该有的。功能失调了，才出现抑郁和记忆力下降等症状。药物是调整人体本来应该有的物质，就像甲状腺功能减退之后，我们补充甲状腺素一样，怎么会依赖成瘾、影响发育呢？

反之，如果得了抑郁症不治疗，孩子会变得迟钝，记不住

179

东西，经常发呆神游，寝食难安，这样才会影响孩子的健康和发育。调整好这些功能之后，孩子会变得更有活力，整体的学习和生活状态也会更好。

那抗抑郁药到底有没有副作用呢？

在回答小雅父母的这个问题之前，我首先要问他们一个问题：撇开心理科的药物不说，你们认为哪个药物是没有副作用的呢？就算是维生素、中药等我们通常认为没有副作用的药，其实也是有副作用的。关键是有没有必要吃药，药物的副作用大不大。

其实心理医生对使用药物也是很谨慎的。如果没有必要，我们建议尽量不吃药，而是通过心理治疗、自我调整等方式来疗愈。但是，如果孩子的情况需要吃药，而我们为了避免可能出现的副作用而选择不吃药，那疾病对孩子的影响可能远远超过药物带来的风险。在治疗抑郁症这件事情上，没有绝对的利和弊。两利相权取其重，两害相权取其轻。在疗效和风险之间，如果利大于弊，那就应该尊重医生的专业判断。

其实，常用的抗抑郁药副作用并不大。总体而言，在专业医生的指导下，药物使用是安全而有效的。

孩子为什么会出现焦虑？

随着生活和工作节奏的加快，社会竞争急速加剧，家长的心理压力大增，孩子的焦虑也非常严重。《中国青年发展报告》显示，我国 17 岁以下儿童、青少年中，约 3 000 万人受到各类情绪障碍与行为问题的困扰，其中焦虑障碍占 10%。

下面我们从一个高中生的故事来探讨焦虑这个话题吧。

小聚是一名 16 岁的高二学生，他经常感觉烦躁、坐立不安，还有各种身体不适，如无故心慌、肌肉跳动、手抖、浑身冒汗，甚至觉得呼吸困难。父母反映：孩子脾气变差了，做事情没有耐心，经常愁眉苦脸，有时还会走来走去。

小聚所表现出来的症状，就是焦虑。

心理学认为，焦虑可能是内心冲突的表现，也可能是在焦虑的环境下学习到的，还可能是我们对事物的认知偏差所导致的。达到焦虑症的诊断标准后，生理因素也参与了焦虑症状的

181

表达。

那小聚为什么会出现焦虑呢？跟小聚深入交流之后，我们了解到小聚的焦虑可能与三方面因素有关。

1. 家庭因素

小聚的大舅是一名非常成功的商人，对他们家的帮助很大。父母从小到大都要求他以大舅为榜样，方方面面都要做好，为自己，也为家长争气。他确实很懂事，从小就努力学习，还参加了各种培训班，想让自己变得更优秀。但是随着年级越来越高，既要做好社团工作，又要学习好，他已经力不从心了。但为了不让家人失望，他一直苦苦支撑，又累又焦虑。

2. 社会因素

小聚一直在重点学校学习，学校无一例外都是高要求的。周围的同学都非常努力，所以小聚从小就在一个充满竞争的环境长大，形成了争强好胜的习惯。虽然他已经出现了明显的焦虑症状，学校老师依然经常跟家长联系，督促家长要盯紧孩子的学习。

小聚小的时候，本来是无忧无虑、爱玩爱笑、爱尝试新鲜事物的。但慢慢地，为了迎合大人的需求、赢得别人的好评，他渐渐放弃了自己的喜好，如同机器人一样，不带太多情感去争取这种外在的荣誉。他说："虽然好的成绩可以让我短暂开心，但我内心并不知道自己到底想要什么。"大人们都把成功定义为有权有钱，像他的舅舅那样，人生才有意义。小聚在成绩不理想之后，就开始担心人生没有希望了，但又无法放弃学习，所以非常焦虑。

3. 自身因素

父母在意识到这种成功学教育可能存在问题后，进行了调整。他们告诉孩子，不要有太多的压力，舅舅是舅舅，我们是我们，每个人都有不同的人生方向。但是，小聚已经内化了这种价值观，觉得父母是为了安慰自己才这样说的。现在，出人头地也是他自己的目标了。

此外，小聚心慌、手抖等焦虑症状可能也与他的大脑神经递质（如 γ - 氨基丁酸或 5- 羟色胺等）异常有关。这方面异常是可以通过药物快速缓解的。

父母该如何帮助孩子调整焦虑？

在了解了小聚焦虑的原因后，家长想知道：自己到底该怎么做才能帮助孩子缓解焦虑情绪？我们给小聚的父母提出了以下几条建议。

1. 调整自己和孩子的期待

很多孩子的焦虑常常源自期望与自身能力之间的过大差距。能力调整并非一朝一夕就可以实现的。而期望则可以通过短期的认知调整来降低。期望降低，小聚的症状才能减轻，学习生活状态才能改善，才有可能进步。

小聚希望成功，这个是他努力的动力，不用消除，而是要善用。有动力，更要有方法。我们不要想着一口吃成一个胖子，而是要找到适合自身能力的短期目标，一步步体验进步的快乐。只有这样，才能踏踏实实建立自信，逐步走向更好的自己。也只有这样，才能慢慢接近自己的大目标，实现自己的人生理想。

这个认知的调整，不单单是孩子，更是家长的认知调整。教育孩子要顺势而为。过早灌输大人的竞争意识，过高要求孩子，均不可取。孩子，要先成为孩子，才会在成为大人的时候，真正成为大人。这句话怎么理解呢？

正如作家克里斯托弗·莫利（Christopher Morley）所说："成功只有一种，那就是能够用自己的方式度过自己的一生。"我们在孩子小的时候，应尽量让孩子尝试自己喜欢的事情，让他们对这个世界有更多的认识和更好的印象，并在陪伴尝试的过程中，吸收更多来自父母的爱和安全感，这将会是孩子一生幸福的根基。

著名漫画家蔡志忠的女儿小时候数学考了 0 分，他依然不着急，而是坚定地鼓励孩子按照自己的意愿去追求自己的梦想。他认为：父母培养孩子，最好的办法不是去要求孩子，而是支持孩子选择自己喜欢的道路并实现梦想。

2. 注意自己言语和行为的影响

父母的言语和行为会在无形中影响孩子的心理状态。父母避免过多说教，不要用过于严厉或恐吓的言辞，更不要打骂孩子，以免加重孩子的焦虑。

小聚的妈妈，其实是一个非常焦虑的人。她虽然说不会对孩子提高要求了，但总在有意无意中说谁谁厉害，不努力的话生活真不容易，等等。她没有意识到，她的言行其实就是在向孩子施加压力，导致孩子很怕跟她接触。我们建议妈妈不用一直盯着成功人士，多关注一些平常的事物，多收集一些日常的快乐，这样才能让自己和孩子放下焦虑。

3. 练习焦虑的应对策略

我们带着小聚和他的父母一起练习焦虑应对策略，如深呼吸、冥想、数自己的脉搏或呼吸、用笔在纸上画、肌肉放松、等等，以帮助他们在焦虑时能够自我调节。

如果实在静不下来，我们可以起来走动一下，看看蓝天白云、花花草草。如果条件允许，也可以找人倾诉、唱歌等。在情绪调整的章节里，我们提出了具体的练习方法。

经过药物和上述的调整之后，小聚的焦虑症状大大减轻，对成绩和成败的看法也没有那么片面了。小聚的妈妈说，好像整个家庭也变得平和多了。家庭的平和可能是小聚变平和最重要的原因。

孩子非常自卑，该怎么调整？

小吉是一个内向、自卑的男孩。他学习成绩中等，体型偏胖，不擅长交朋友，他觉得自己是一个"透明人"。他总是低着头走路，不敢与人对视。有时候，他会遭到一些同学的嘲笑，但他也只是默默走开，从不反驳，因为他不知道如何为自己辩护，也害怕与同学发生冲突。

人本主义心理学先驱阿尔弗雷德·阿德勒认为，人格是在战胜自卑和追求优越过程中形成发展的。人天生自卑，但正是自卑促使人们去努力克服困难，追求成功，成为人格发展的动力。然而，孩子如果被自卑压倒，则可能产生自卑情绪，导致心理问题。

为了帮助自卑的小吉建立自信，我们给家长提出了一些建议。

1. 鼓励自我表达：为孩子提供一个安全、支持性的环境，让他们自由表达自己的感受和想法

比如，小吉的父母定期召开家庭会议，让小吉参与策划，决定谈论什么话题、玩什么游戏。在这个过程中，尽量鼓励小吉自由表达。一开始，小吉显得比较害羞，不知道自己的想法，说话也不流畅。后来，经过几次家庭会议，父母欣喜地发现小吉的表达能力比原来好多了，脸上的笑容也多了起来。

2. 设定可实现的目标：帮助孩子设定明确、可实现的目标，在一个个小进步中夯实自信的基础

体重问题是小吉困扰的问题之一，而运动跟体重控制密切相关。父母就跟小吉一起制定了相关的目标，比如，每天慢跑或快走半小时。每次小吉能完成这个小目标，父母就给予他肯定。小吉从这件事中学会了坚持，体重也得到了控制，因此慢慢开朗起来。

3. 培养解决问题的能力：面对问题和挑战时，跟孩子讨论解决方案，演练新的应对技能

小吉的父母跟他一起讨论"遇到同学的嘲笑怎么办"这个话题，找到多种可能的解决方案，然后再进行场景演练。在这个过程中，父母示范自己如何应对，然后让小吉再尝试。小吉学会了在面对同学的恶作剧时，可以直接表达自己的感受，让对方知道这种恶作剧的伤害。比如，直接告诉同学：你说的话很伤人，我听了非常难过。如果同学不收敛，还可以用警告、

你就是孩子最好的"心理医生"

寻求帮手等多种方式来应对。

在一遍又一遍的练习中，小吉在现实中遇到同样的问题时，更加胸有成竹。他也慢慢体会到，同学可能不是看不起他，而是无心的恶作剧，这个感悟让他减少了很多敌意和恐惧。

4. 认知调整：多回顾自己的优点，多表扬自己

每个人都有自己的优点和缺点，如果用自己的缺点和别人的优点比，那我们很难跳出自卑的旋涡。

我们建议小吉和他父母找小吉的优点，让我们惊讶的是，他们居然很难找出小吉具体的优点。后来，我们盘点了一下小吉的学习、生活情况，发现小吉其实也有很多优点，比如，小吉的脾气好，谦让同学，每次值日都任劳任怨，经常是最后一个离开教室的，很多同学对他的评价都不错。又如，小吉会画画，用图形来表达故事，非常有创意。在这种细微的自我肯定中，小吉逐渐明白，虽然他有不如别人的地方，但别人也有不如他的地方。综合起来，其实大家都是普通人，无须自卑。

5. 自卑的调整，重点不是让别人看得起自己，而是自己看得起自己

我们给小吉讲了一个例子。有一名男生，因为意外受伤，面部被毁容，整张脸变得非常恐怖，小孩子在白天看到他可能都会被吓哭。一开始，他的同学都不敢跟他坐在一起，不跟他玩。但是，他看得起自己，常常一个人自娱自乐，无聊的时候还会一个人打拍子唱歌。时间一长，周围人都习以为常，也都

跟他交朋友了。所以，在自卑这个问题上，自己看得起自己最重要，别人也会因此改变对你的看法。

随着时间的推移，小吉发生了翻天覆地的变化。虽然他没有变得特别外向，但内心变得更从容淡定了。所以，自信不仅仅是外在条件的堆砌，更是内心的坚定和力量。建立自信的过程，可能充满了挑战和困惑。父母要坚持寻找孩子的优点，并保持关注和肯定，这样才能让孩子的自信之路越走越宽。

孩子太敏感了，该怎么调整？

小琪是一名 16 岁的女孩，她非常敏感，很在意别人的评价，别人一句不经意的话她也会经常回想，"精神内耗"很明显。她经常担心自己说错话得罪人，因此不敢说话。为了让别人喜欢她，她还经常去讨好别人。有时即使是别人做错了，她心里不舒服，也不敢说出来。父母曾经带她去做心理治疗，但她依然敏感，经常在做自己和迎合别人之间徘徊不定。像小琪这样敏感的孩子，家长到底要怎么帮助其调整呢？

1. 减少对孩子的批评和评价

小琪敏感的根源是家庭。她父母对她从小进行严格管教，比如，有一次她犯错了，父母把她锁在门外。当时楼道很黑，她很害怕，但是一直敲门父母都不开，最后哭到无力父母才开门。又如，考试成绩不好，妈妈会把她的卷子撕烂，并且在家里追着她打。她躲到桌子底下，妈妈也要把她拉出来打。长期在这样的环境下生活，她慢慢地学会了隐藏自己内心的情绪，表现得像一个乖乖女。父母好面子，常常当众说她很好，但在家时却经常说她不好。小琪像被洗脑了一样，但只洗了一半脑子。她感觉脑子里一半是自己的想法，另外一半是别人的要求。她很想做自己，但同时又有另外一种想法不允许她这样，所以她很矛盾、很难受。像小琪这样敏感的孩子，经常是被父母批评和评价较多的孩子。所以，要帮助孩子调整敏感心理，父母首先要调整，要减少对孩子的说教、批评和议论。

2. 调整孩子的认知

小琪曾经被同学议论过，心里一直都有这个顾虑。敏感的孩子，如同小琪一样，常常会觉得周围的人一直关注他们。他们会感觉自己24小时都被人盯着，被指指点点或者嘲笑。但是现实中，没有人可以一直对他人保持关注。即使是网络上那些明星、那些爆炸性的新闻，我们也只是一时好奇而已。新鲜感只能维持很短的时间，我们很快又会被其他鸡毛蒜皮的小事所吸引，根本不会把别人的事情一直放在心里。这是人之常情。

比如，一个大龄女青年非常焦虑，无法安定下来去谈恋爱、结婚。因为她从小被村里人看不起，一直想争一口气给他们看看。但实际上，村里的很多人现在已经不认识她了。这些年来，她一直想证明给别人看，但实际上并没有人在看她。

所以，我们以为别人会一直关注和议论我们，但实际上，每个人都最关注自己。不关注那些闲言碎语，我们就不会被它

你就是孩子最好的"心理医生"

所伤害。

3. 帮助孩子区分自评和他评，建立自评系统

简而言之，自评（自我评价）就是自己给自己打分，而他评（他人评价）就是依靠别人给自己打分。

我们小时候几乎全部依靠他评来认识自己，比如，父母、老师等说我们是好孩子，那我们就觉得自己是好孩子。在孩子成长的过程中，我们需要培养孩子的自评能力，因为他评不一定是准确的。

比如，有人夸我们是名医，也有人说我们什么都不是。那些夸我们的人，经常是对我们有所需求的。而那些骂我们的人，其实并不知道我们真实的水平，而是因为我们没有满足他们的要求，他们只是用这些不好的评价来发泄内心的不满而已。

所以，他评往往只是别人嘴里轻飘飘的一些话，根本证明不了我们优秀或不优秀，无须过于在乎。不管别人给我们打多少分，我们都要常常给自己打高分。最理想的状态是他评与自评之间的分数差异不大。

最后，如果我们心里实在放不下，那不管别人怎么评价，我们都要从正面去解读，这也会让我们减少很多不必要的烦恼。

4. 多给予孩子正面的反馈和鼓励

敏感，常常跟不自信有关。比如，小琪敏感是因为她不自信，觉得没有人真的在乎她。所以，父母要经常给予孩子正面的反馈，多跟孩子强化他们的优点，多表达对他们的爱。足够

的自信，是可以对抗敏感的。即使孩子有不如意的地方，我们也可以从跟自己比的角度出发，肯定孩子的进步、鼓励孩子，这样孩子才会慢慢变得自信。即使孩子没有优点，没有进步，父母也要经常说"我爱你""我觉得你很好"这样的话，这样孩子也会慢慢变得从容、不敏感。

5. 帮助孩子从正面表达情绪，建立新的应对方式

孩子敏感常常是内心积压了很多不良情绪却又无法表达所致。所以，我们要发现孩子敏感的背后到底隐藏着什么情绪，并帮助孩子表达。小琪内心有恐惧和悲伤，但是她一直不敢跟别人说，也不想靠近别人。我们帮助小琪还原既往创伤的场景，让她对着空椅子表达感受和需求，她的情绪才得以慢慢释放。我们还通过角色扮演的方法，让小琪练习如何应对别人的议论和指责。后来，小琪的父母发现她变了，她不再那么容易崩溃了，跟父母的沟通也多了。

孩子很暴躁，家长该怎么处理？

小明是一个 15 岁的男孩，平时性格活泼，但近来却变得异常暴躁。比如，有一次父母将他房间的脏衣服拿走了，他就大发雷霆，指责父母侵入他的空间，并将房间里的物品扔得满地都是。小明的父母十分困惑：孩子为什么会突然变得如此暴躁？作为家长，该怎么应对孩子的暴躁呢？

孩子暴怒可能是由多种因素引发的，包括生理、心理和环境等方面的因素。

生理因素：某些生理状态，如饥饿、疲劳或荷尔蒙波动，可能导致孩子情绪不稳定。

心理因素：孩子可能面临各种心理压力，如学习压力、人际关系问题等，这些压力可能引发孩子的暴躁情绪。

环境因素：例如，家庭冲突、学校欺凌或社交困难等都可能让孩子变得暴躁。

在临床上，暴躁的孩子常常是内心受伤的孩子。暴躁，很可能是孩子不会用语言表达自己内心的情绪，而是采取暴躁、崩溃等行为来表达。家长如果采取以暴制暴或者讲道理的方式来制止孩子发怒，无异于火上浇油，孩子会变得越来越难以管理。

那家长到底要如何帮助孩子改善暴躁情绪呢？下面我们以小明的案例来进行讨论。

1. 冷静沟通，了解孩子暴躁背后的原因

在孩子暴躁的时候，家长很容易被激怒，马上就进入"战斗"状态，跟孩子"硬碰硬"。这种简单粗暴的方式，在孩子小的时候可能会"立竿见影"，很快让孩子"软"下来，乖乖听话。但是，从长期来说，这种方式不仅无益于对孩子暴躁情绪的处理，还会让孩子越来越暴躁、越来越难以管理。因此，冷静沟通非常重要。

冷静沟通最重要的是什么呢？就是在孩子还处于暴怒期或者家长自己情绪不稳定时，避免去"沟通"。因为双方在这种情况下是无法冷静沟通的，如果非要沟通可能造成冲突升级。在孩子发脾气的时候，我们尽量少说，安静陪伴在孩子旁边，防止孩子出现极端行为。等孩子发完脾气、情绪稳定之后，再与其进行对话。

经过冷静沟通后，父母了解到小明近期在学校遇到了挫折，与同学的相处也不尽如人意，这导致他内心积累了大量的压力和不满。他的暴躁行为，实际上是在释放内心的焦虑和不安，父母可能是躺着"中枪"了。当小明父母知道了这个原因后，不像一开始那样愤怒了，而是转为心疼小明，并跟他一起化解心中郁结。

2. 跟孩子一起写情绪日记

在孩子情绪稳定的阶段，父母可以跟孩子一起写情绪日记。情绪日记包括开心、生气或困惑等事情，以及当时的感受和想法。不仅仅是孩子记录自己的情绪，父母也要记录自己的情绪，然后跟孩子一起分享。在这个过程中，父母的自我觉察和认知调整，对孩子而言是很好的示范。

这个环节中很重要的一点就是聚焦，不要把情绪日记变成讨伐孩子的"犯罪记录大全"。我们要聚焦于孩子的某一个行为来书写和讨论，并观察一段时间内孩子的变化情况。比如，我们调整一对问题姐弟，他们需要改正的地方虽然很多，但我们只聚焦于他们的打架行为。如果一周内他们打架次数减少，就会获得相应奖励，反之则进行惩罚。一段时间后，他们的打架次数就大大减少了。

3. 制订情绪管理计划

在这个计划中，父母跟小明一起盘点那些容易让人生气的场景，并练习怎么应对别人的挑衅。在面对挑衅或攻击时，我们的第一反应通常是一样的，如愤怒、害怕等。有些人在这样的情绪支配下，直接采取行动，发动攻击，这种模式就是小明的模式——暴龙模式。其实，在采取行动之前，我们还可以有一个中间环节，即缓冲阶段。在缓冲阶段过后，我们可以调整对策，最后才采取不同的行动。在反复的练习中，小明慢慢掌握了调整情绪的技巧，暴躁行为也越来越少了。

4. 创建"安全岛"

父母在家庭中为小明设立了一个"安全岛"——他的房间，这是一个他可以独自冷静、放松和思考的地方。当小明感到情绪激动时，他可以主动前往"安全岛"，进行深呼吸、冥想或阅读等，以帮助自己平复情绪。父母尊重他的这个私人空间，不会随意打扰。但也跟小明设定了明确的规则和界限，让小明明白哪些行为是可以接受的，哪些是不可以接受的。

5. 寻求专业心理支持

如果小明的情绪问题持续存在，且影响到他的日常生活和学习，父母会考虑寻求专业的心理咨询支持。专业的心理咨询师能提供更具针对性的建议和帮助，助力小明更好地应对情绪挑战。

经过一段时间的情绪调节训练和家庭环境的改善，小明的暴躁行为得到了显著的改善。小明学会了在面对挫折和压力时保持冷静，通过积极的方式表达自己的需求和感受。他的父母也学会了如何更好地支持和引导孩子，从而形成了一种更加和谐融洽的家庭氛围。

最后，我特别想重申的是：在管理孩子的暴躁情绪时，家长自身的情绪调节能力是决定成败的关键。家长调整情绪的方法可以参考前面情绪管理的章节。

孩子叛逆，家长该怎么处理？

　　小刚是一名 15 岁的男孩，他最近变得异常叛逆。他似乎对父母的每一句话都有抵触情绪，经常顶嘴，甚至宣称："以后我所有的事，你们都不要管了。"在一次家庭聚会上，父母希望他跟叔叔阿姨打招呼，但小刚却以与这些人不熟为由拒绝了。当父母指出这是不礼貌的行为时，他竟然大发脾气，甚至离家出走。更让父母震惊的是，小刚还想打鼻环！面对孩子的这种极端行为，父母坚决反对，但小刚却因此大闹不止。这一系列叛逆行为让父母感到既气愤又无奈，他们不知道该如何应对突然变得陌生的孩子。

　　和小刚一样，处于叛逆期的孩子让家长很头疼。然而，叛逆可能是孩子自我意识觉醒的必然产物，可能是青少年成长中不可或缺的一个阶段，是孩子试图建立自我身份、寻求个体独立性的自然过程。

这一时期，孩子由于生理、心理和社会的多重变化，情绪波动往往较大，对成人的权威产生怀疑，并强烈要求独立。他们不再满足于仅仅作为父母的附属品，而是希望被看作一个独立的个体，并试图在成人世界中找到属于自己的独特地位。孩子如同探险家，勇敢地探索着未知的世界，试图找到自己的方向，这是他们自我意识和自主性发展的关键时期。适度的叛逆就像一股向上的力量，激励着他们不断突破自我，探索更广阔的世界。

然而，叛逆行为过度时可能会引发一系列问题：家庭矛盾激化，亲子关系变得紧张；孩子变得孤僻、易怒；孩子的成绩下滑、缺乏学习动力等。面对这些挑战，许多家长感到束手无策。

下面我们通过小刚的故事来探讨具体的对策。

1. 父母要学会妥协

对，你没有看错，妥协是第一原则。这里的妥协并非一味纵容孩子的胡作非为，而是以退为进，通过语言上的妥协来缓和紧张的气氛。

避免与孩子产生直接冲突，可减少"禁果"效应的产生。"禁果"效应是指当某种事物被禁止时，人们对它的兴趣和渴望会增加。这种效应在青春期的孩子身上体现得特别明显，家长越反对某件事，孩子就越想去做。

另外，当父母频繁地对孩子说"不"或者禁止某些行为时，这种否定和禁止反而可能激起孩子的逆反心理。孩子可能会觉得自己的自由受到了限制，父母不尊重自己，从而产生一种反抗情绪。在这种情况下，孩子对家长禁止的事情感兴趣，可能是在表达对家长控制的反抗和不满。

当小刚说要去打鼻环时，父母如果说："绝对不行。"小刚可能马上叫喊："我一定要去！"双方就此剑拔弩张，"战斗"一触即发。在这种情况下，父母不但阻止不了孩子的行为，还可能激化矛盾，双方可能出现语言和肢体方面的冲突，从而导致其他的不良后果。

妥协的做法是，当孩子提出要打鼻环时，父母表达担忧和关心，而不是直接禁止。例如，可以说："打鼻环可能会有感染的风险，我们比较担心，你真的考虑清楚了吗？"这样的表达方式既尊重了孩子的选择，又提出了合理的担忧。

2. 不一定要支持孩子所有的事情，但一定要允许孩子表达想法

处于叛逆期的孩子，往往有着强烈的表达欲望，他们渴望被听到、被理解。因此，我们要抱着开放的心态，对孩子"离经叛道"的言语要有足够的心理准备，并尝试理解孩子的立场和感受。

比如，小刚一定要去打鼻环，我们可以给他反馈："我一想到这个画面，就感觉很怪，你为什么会想做这件事情呢？"

小刚说，这样会让他看起来很特别、很有个性。

原来我们眼里的"古怪"，在这个阶段的孩子眼里却是一种个性的表达。这就是孩子的立场和内心的想法。我们不能直接否定孩子的想法，说他幼稚或者想错了，而是可以询问他："我们担心这可能会对你的身体造成伤害。你还有其他表达个性的方式吗？"

如果孩子很坚决，一定要这样做，我们可能就要参考以下的做法了。

3. 在我们可以忍耐的最大范围内，允许孩子尝试，甚至跟孩子一起尝试

叛逆期是孩子自我意识和自主性发展的关键时期，他们需要有机会去尝试和探索自己的兴趣和方向。当然，这并不意味着放任孩子做出危险的决定，而是在确保安全的前提下，给予他们最大的自由度和选择权。

我们可以让小刚先用鼻贴的方式来感受鼻子上有环的感觉，也可以让他看看镜中的自己，只有这样他才会真正懂得他在别人眼中的样子。我们甚至可以自己贴一个鼻贴，跟着孩子一起出去走一圈，共同感受别人的评价和目光。

我们要尊重孩子的尝试，并且跟着他一起去做"傻事"，这样孩子才能在实践中找到做事情的分寸感。

当然，我们也不能忽视过度的叛逆行为可能带来的问题。为了确保孩子能够健康度过叛逆期，我们还需要注意以下几点。

（1）建立信任关系：与孩子建立深厚的信任关系是至关重

要的。当孩子感受到父母的信任和支持时，他们更有可能敞开心扉，分享自己的想法和感受。这有助于家长更好地了解孩子的内心世界，从而更有效地引导他们。

（2）设定明确且合理的规则：在叛逆期，孩子们可能会试图挑战各种规则。为了确保家庭秩序和孩子的安全，家长需要设定明确且合理的规则。同时，要耐心地向孩子解释制定规则的理由。孩子明白了规则的意义，才能更好地遵守规则。

（3）提供积极的反馈和鼓励：当孩子在叛逆期表现出积极的行为或取得进步时，家长要及时给予肯定和鼓励。这将有助于增强孩子的自信心和归属感，促使他们更加努力地追求自己的目标。

综上所述，叛逆期是孩子成长过程中的一个重要阶段。家长和教育者应该以开放、理解和支持的态度来面对孩子的叛逆行为，通过有效的引导和陪伴，帮助他们建立健康的自我意识并顺利度过这一阶段。

孩子有偷窃与撒谎行为，家长该怎么纠正呢？

小亚是一名 10 岁的男孩，他在学校里偷了同学的钱。即便老师和同学在他的书包里当场找到了钱，他依然坚决否认。经过老师两个小时的教导，他仍然坚称自己没有偷钱。老师无奈，致电家长，表示无法教育这个孩子。家人也费尽口舌，但孩子始终不肯承认。直到家人提及学校装有监控摄像头，并威胁要去调取录像、报警，甚至让他去坐牢，小亚才终于承认了自己的偷窃行为。他还抗拒上学，家人让他做什么，他就偏偏不做什么。家人说什么他都听不进去，不怕打不怕骂。

像小亚一样，我们有时会发现孩子有偷窃或撒谎的行为。许多家长深知"小时偷针、大时偷金"的道理，都期望能从小遏制孩子的这类不良行为。然而，这些行为表象之下往往隐藏着孩子深层的心理诉求和困扰，远非单一的道德问题，也不是靠教育或打骂就能解决的。那我们到底应该怎么纠正孩子的这种不良行为呢?

以小亚为例,我们可以这样处理。

1. 从孩子的积极行为入手,给予肯定和鼓励,与孩子建立信任关系

一开始,我们没有给小亚做思想工作,而是从细节上肯定了他。例如,在诊室里他并没有捣乱,在我跟他妈妈交谈的时候他非常乖,也很有礼貌。这样的肯定消除了他的戒备心理,相信我们不是来集体讨伐、批评他的,而是来帮助他的,这让后续的沟通变得更顺畅。

2. 了解孩子行为背后的需求

经过一番深入的交流,我终于了解了小亚偷窃、撒谎行为背后的原因。

原来,他爸爸妈妈的关系不好,爷爷也加入了战斗,甚至他打妈妈。他爱妈妈,知道妈妈工作辛苦,赚钱不容易。虽然他很想参加班集体活动,也很喜欢看电影,但他不想花妈妈的钱,因此想偷同学的钱去参加活动。他很恨爷爷,以为不听爷爷的话、故意不上学,就可以气爷爷,帮助妈妈。

这个真相让我非常震惊,也很心痛:这明明是一个非常懂事的孩子,却被扣上了一个坏孩子的帽子,遭受了很多的责骂和惩罚!我跟孩子说:"其实你是一个非常懂事、非常棒的孩子,阿姨很感动也很心疼你。"听到这些,小亚愣住了,随后"哇"的一声哭了。他终于被看到、被肯定了!而他的妈妈也早已泪

205

第八章 青少年常见情绪行为问题的解决策略

流满面、泣不成声。

3．调整孩子的认知

小亚的妈妈知道了小亚内心的想法后，开始帮助孩子调整认知。比如，妈妈告诉小亚，看电影和参加集体活动的花费很少，家里是可以轻松负担的，不用去偷钱。妈妈还跟小亚说，很感谢他的帮忙，但这样的方式没能真正帮助妈妈。帮助妈妈最好的方式是遵守纪律，好好学习。

4．改善家庭关系、调整教育方式

小亚的问题常常是家庭问题的一个体现。家人改善关系，尤其是父母关系、妈妈与爷爷关系的改善，对于减少小亚的不良行为非常重要。小亚妈妈一个人打三份工，工作比较忙。爸爸之前比较懒，还喜欢喝酒，生活重担全压在妈妈身上。妈妈怨气多，两人争吵不断。因此，爸爸要改变，主动分担家庭任务；妈妈要学会把具体的家庭任务交给爸爸，并肯定爸爸，培养爸爸。

在教育方式方面，爸爸打骂孩子比较多。我们让爸爸列举孩子的优点，爸爸居然一个字都说不出来。孩子说，以前怕爸爸，现在不怕了。爸爸怎么对我，我就怎么对他。错误的教育方式，会把孩子越教越差。当爸爸妈妈学会以民主、肯定的方式教育小亚之后，小亚的情绪就稳定多了。

5．角色扮演，让孩子学会换位思考、理解他人的感受

我们与小亚玩角色扮演游戏，让小亚感受被偷同学的感受、

老师的感受，并引导他学会遵守社会规范。在这个过程中，我们与小亚共同设定清晰的家庭规则和行为界限，比如诚实、尊重他人财产等，让小亚清楚地知道哪些行为是可以接受的，哪些是不可接受的。

最后，我们跳出小亚的故事，从心理学的角度来解读孩子撒谎的原因。

（1）虚荣心理：孩子可能会因为虚荣心而撒谎。例如，当他们未能达到他人的期望时，为了满足自己的虚荣心，他们可能会说谎以获得短暂的满足感。又如，孩子可能会夸大自己的成绩或者拥有的物品，以此来获得他人的赞许和羡慕。因此，我们要注意，不要过度期待和要求孩子，减少攀比，这样才能杜绝孩子因为想满足虚荣心而撒谎。

（2）模仿心理：孩子的模仿能力很强，如果父母或周围的人频繁做出说谎的行为，孩子很可能会不自觉地模仿这种行为模式。尤其是在频繁接触说谎行为时，孩子会在耳濡目染之下逐渐将这种不良习惯内化为自己的行为方式。因此，大人们应当深刻意识到，自己的每一个举动都可能成为孩子模仿的对象，必须以身作则，用实际行动为孩子树立一个诚实正直的榜样。

然而，在现实生活中，父母有时会因为一些难以言说的迫不得已的原因而说出一些所谓的"善意的谎言"。比如，当有人向我们借钱或请求我们帮忙做一些我们并不愿意做的事情时，我们可能会选择用更委婉的方式拒绝，以避免直接冲突或伤害

207

对方的感情。但在孩子的纯真世界里，他们可能无法理解这些复杂的成人社交规则，于是，父母的这种委婉拒绝在他们眼中就可能被简单地解读为"说谎"。

面对这种状况，我们需要耐心地与孩子沟通，并向他们解释：有时候大人们之所以会这么说，并不是真的想要说谎，而是出于一种对他人感受的考虑和尊重。同时，我们也要教会孩子如何辨别不同情境下的言语行为，让他们理解在保持诚实的同时，也可以有策略和同理心地与他人交流。通过这样的沟通和教育，我们不仅能帮助孩子建立更健康的沟通观念，还能引导他们成长为更加理解和体贴他人的人。

（3）逃避责任：如果父母在日常生活中经常打骂孩子，孩子也可能会因为害怕受到责罚而撒谎。例如，如果孩子打破了东西，他们可能会否认自己的行为或者将责任推给其他人。这种撒谎行为往往出于孩子内心的惶恐和不安，以及逃避惩罚的动机。

所以，父母要调整自己的教育方式，不能一出现问题就打骂孩子，而是要先安抚孩子的情绪，再了解具体事实，陪同孩子一起解决问题，让每一次挫败都成为孩子成长和亲子沟通的宝贵资源。

我有个朋友，她儿子给女同学写情书、送礼物，而该女同学把这些"赃物"都交给了老师，因此她儿子要面临被处分的风险。她打电话给我，问我要怎么处理。我问她：如果你面对

你就是孩子最好的"心理医生"

这种情况，会有什么感受呢？表白被拒绝，本来已经够伤心了，再加上被老师和同学知道，面临处分，会更加彷徨不安。所以，在这种情况下，我们不要着急批评孩子，而是先安抚他的情绪，表达我们无条件支持他。这种时刻的支持，就是雪中送炭，有助于我们成为孩子的"患难之交"。当然，安抚好孩子的情绪之后，我们可以跟他一起分析利弊，寻找解决方案。

（4）满足需求：有时孩子撒谎是为了满足自己的某种需求。如果他们想要通过正常的途径获得某样东西，而家长不同意时，他们可能会偷偷获取并撒谎说不知道或者没有做过。这种撒谎行为往往与孩子的物质需求或愿望有关。

比如，有个孩子经常偷窃，屡教不改。原来，他说学校的饭菜不好吃，自己经常饿肚子。但是父母说不能乱花钱，不能买那些垃圾食品，因此不给他零花钱。了解了这个情况之后，我们建议父母定期给孩子零花钱，并给孩子准备一些可以充饥的食物，这样孩子就再也不用因为饥饿而去偷窃了。

（5）引起注意：孩子有时可能会通过撒谎来引起他人的注意。他们发现说谎能够引起成人的关切时，就可能会用这种方式来寻求关注、获得肯定。

比如，有个孩子经常回家跟父母说自己在学校得奖了、被老师表扬了，等等，父母一开始挺开心的，但后来跟老师沟通时才发现，孩子其实是夸大了自己在学校的表现，根本没有得奖，只是在"撒谎"。家长跟孩子沟通后才知道，孩子之所以这么做，是因为平时父母忙于工作，很少关心他的学习和生活。只有当他"取得成就"时，父母才会关注他。了解了这个动机后，父母开始调整自己的生活方式，尽量抽出更多的时间来陪伴孩子，给予他鼓励和支持。这样一来，孩子便不再需要通过撒谎来引起父母的注意了。

综上所述，孩子撒谎的原因多种多样，包括虚荣心理、模仿心理、逃避责任、满足需求以及引起注意等。唯有深入探究孩子行为背后的动因，我们才能有针对性地介入，帮助孩子走出成长的困境。

孩子沉迷于电子产品，家长该怎么引导呢？

小明是一名高中生，原本成绩优异、性格开朗。然而，自从他迷上手机游戏后，成绩一落千丈。每天放学后，他几乎总是手机不离手，不学习，不完成作业，性格也变得孤僻，与家人和朋友面对面的交流也越来越少。小明的父母非常着急，他们试图限制小明使用手机的时间，但效果并不明显，反而因此引发了更多的家庭矛盾。

像小明一样沉迷电子产品的孩子比比皆是。家长们一提起手机，大多都是咬牙切齿的。手机等电子产品，似乎已被视为教育的"头号敌人"。但是为什么有些孩子对电子产品特别迷恋，而有些孩子则不会呢？

那些特别迷恋手机、电视的孩子，往往是在生活中没有其他亮点的孩子。他们的人生到处都是"苦"：学习苦，没有成就感；人际关系苦，没有朋友；家里苦，所有的大人都说他不好，甚至打骂他。手机、电视成了这一片苦海中的唯一一点甜，在这种情况下谁能抵挡这一点甜呢？因此，家长不能一刀切，把电子产品视为洪水猛兽，而是应该帮助孩子拓展更多的自由、快乐空间，让孩子体会到电子产品以外的快乐。

而且，随着人工智能的发展，让孩子隔绝电子产品本来就不是明智之举。以电子产品为载体的人工智能被誉为"第四次工业革命"，它正在改变我们的生活、生产和工作方式。所以，如果我们让孩子们只专心刷题，可能未来孩子还没有毕业就已经失业了。我们要教会孩子智慧地使用电子产品，让他们把电子产品变成工具，这样才能顺应时代发展。

那我们该如何引导小明合理地使用电子产品呢？

1. 深入了解孩子沉迷手机的原因并加以解决

很多家长认为，孩子的种种问题都是手机惹的祸。电子产品的危害几乎到了"罄竹难书"的程度：孩子厌学、成绩下滑、天天宅家、近视、身体不好……但真的是手机毁了我们的孩子吗？

我们与小明深入谈话之后才得知，小明在学校和生活中遇到了挫折。他曾经很努力地学习，但成绩不升反降，他感到压力很大。玩手机游戏是小明逃避现实、释放压力的一种方式，这也是很多孩子沉迷手机不能自拔的重要原因。

小明说，同学们都很"卷"，他们专注于战胜同伴，忽视了合作与沟通，根本找不到人陪他玩。为了缓解内心的孤独感，

你就是孩子最好的"心理医生"

小明选择沉浸在电子产品的虚拟世界中，与网络上的朋友交流，寻找归属感和认同感。

另外，小明的父母为了小明有更好的成绩，从小就对小明提出了高要求。小明不仅需要完成学校的日常作业，还要参加各类补习班。长期繁重的学习任务，导致小明积压了很多焦虑、抑郁等负面情绪。除了手机，他根本不知道自己有什么可以玩的。手机似乎是他各种烦恼的唯一解药。

所以，帮助孩子解决学习压力问题，找到手机以外的兴趣和朋友比单纯夺取孩子的手机要有效得多。

2. 对电子产品使用失控的孩子，往往是被过多管控的孩子，因此家长要调整管控的限度

小明的父母严格限制小明使用手机，导致小明每次都格外珍惜使用手机的机会，从而增加了手机对他的吸引力。就好像我们小时候，很少有机会吃红烧肉，每次吃红烧肉都感觉那是人间美味，回味无穷。但是后来我们可以随便吃到了，反而感觉红烧肉的吸引力下降了。手机也一样，过度管控真的会增加手机的魅力和吸引力。另外，当亲子关系紧张时，小明因为被禁止或限制使用手机而产生逆反心理。这种逆反心理加剧了小明对手机的依赖性。

那怎么把握管控的度呢？这个问题没有标准答案，我更加不敢说自己的做法是最好的。下面我分享一下自己管理孩子使用手机的过程，仅为抛砖引玉。

213

我有两个孩子，他们都有自己的手机，也会经常玩手机，只是他们玩手机没有失控。他们的手机都由自己保管，也设置了开机密码，没有他们的允许，我是无法查看他们的手机的。我是这样管理孩子使用手机的：

（1）让手机成为现实交往和实践的一部分。

我们家孩子玩手机，通常是跟小伙伴一起玩。在这个过程中，手机也只是他们的一个玩具和其中一个游戏内容而已。他们玩了一段时间之后，我就让其中一个孩子充当管理员，让他去提醒大家一起停止玩手机。然后他们会去玩其他的游戏，或者一起做家务，或者一起看书，或者一起讨论问题。即使我设定了"无屏幕时间"，如睡前一小时、周末的公园日，他们也不会感觉难过，而是觉得和小伙伴们一起玩比手机更有趣。

（2）了解孩子的需求、共同制定规则。

在孩子玩手机的时候，我经常陪着他们，以了解他们在手机上主要做些什么。如果我上班，没有时间陪着他们，我也会在下班后跟孩子们聊天，从他们的言谈中发现他们的需求和问题。

手机使用的规则通常是我跟孩子们一起制定的。比如，完成学习任务后才能使用手机、每隔多长时间就要无条件放下手机等。时间限制既不过于严格，也不过于宽松，以确保孩子们有足够的时间进行其他活动，同时也不会感到被过度限制。

在这个过程中，会产生大人要求过于严格而孩子要求宽松的冲突。这时，我们要与孩子讨论我们这样规定的原因，我们的担忧和希望。而孩子则提出他们的想法和感受，力求双方都能接受。在跟孩子"谈判"时，态度很重要。在这个过程中，如果家长跟孩子发生冲突，孩子在情绪激动的情况下，很可能会故意跟家长作对，不遵从规则，甚至会变本加厉。所以，遇到冲突时，我们给出理由比直接指挥孩子更有效。态度是沟通成败的关键。

3. 支持孩子发展自己的兴趣，满足孩子的社交需求，才能减少电子产品的"负担"

我曾经问过孩子："电子产品对你们来说意味着什么？"他们说，是朋友，是老师，是宠物，是精神寄托，是社交平台，是快乐的来源，同时也是烦恼的来源。所以，电子产品承载了太多的功能，是孩子认为的"残缺现实"的弥补。如何补上现实的残缺，是值得我们每个人思考和努力的方向。

小明的爸爸注意到他喜欢踢球，于是经常在周末约上喜欢运动的同学，让小明跟同学们一起踢球，让小明在运动之余也跟同学们有更多的互动。父母也鼓励小明邀请朋友来家里玩，或者一起参加户外活动。在跟同学和朋友的互动中，小明变得更开朗了，手机自然就不是他唯一的朋友和安慰了。

4. 家长要以身作则，建立积极的家庭氛围

家长自身要减少使用手机的时间，注重家庭的社交和活动

习惯。如果在一个家庭中，家人之间缺乏沟通，大家就只能各自玩手机了。

小明的爸爸工作很忙，经常要接电话、回信息。为了给孩子树立良好的榜样，他决定调整工作方式，在家期间减少了手机的使用，跟家人有了更多的互动。一段时间后，爸爸发现小明的笑容多了，也更愿意放下手机、加入家庭活动了。

当然，上述例子不能代表所有的情况。我们要根据孩子的年龄、性格和兴趣，灵活调整电子产品的使用策略。例如，对于年幼的孩子，可以采取更严格的限制措施；而对于年长的孩子，则可以给予更多的自主权和选择权。

你就是孩子最好的"心理医生"

孩子太内向了，怎么调整？

小贝是一个内向的孩子。在学校里，他总是默默无闻，害怕与同学交流。每当课间休息时，他总是独自一人坐在角落，看着其他同学玩耍。小贝的父母注意到了他的孤僻，尝试鼓励他参与社交活动，但小贝总是以各种理由推脱。长时间的孤立让小贝变得越来越沉默，甚至影响到了他的学习成绩和自信心。

小贝的父母特别想知道，孩子为什么会形成内向的性格呢？

孩子内向，可能有以下几方面原因：

（1）性格特点：内向的孩子往往性格比较敏感、细腻，对新事物和新环境的适应能力相对较弱。他们更喜欢独处，享受一个人的时光，回避与他人交流。在社交场合中他们常常感到不自在和紧张。

（2）家庭影响：家庭氛围、父母的教育方式和态度等都会对孩子的性格产生影响。和睦、融洽的家庭氛围有助于孩子形

217

成积极、健康的性格特点；而紧张、冲突的家庭氛围则可能导致孩子性格孤僻、叛逆或自卑。如果父母过于保护孩子，限制其与外界接触，可能会导致孩子缺乏社交经验和技能。如果父母采取打压的教育方式，经常批评、指责孩子，可能会导致孩子缺乏自信，并过于敏感，特别在意别人的评价。

（3）既往经历影响：许多内向的孩子往往有着社交失败的经历，他们或者曾经被当众嘲笑过，或者曾看到别人当众出丑，所以在面对陌生人或新环境时，会感到焦虑和不安。他们担心自己的表现不好，不被他人接受，甚至被议论和嘲笑。这种焦虑情绪会进一步阻碍他们的社交尝试。

那么家长该如何帮助内向的孩子调整呢？

1. 减少管控和批评教育

小贝的妈妈把大部分精力都放在小贝身上，经常关注他的一言一行，随时指出他的不足，这导致小贝总害怕别人关注他，害怕做得不好被批评。这种敏感和不自信是导致他"内向"的重要原因。所以，我们建议妈妈减少对小贝的管控和批评教育，允许小贝有自己的空间。父母还要多肯定小贝，遇事多跟小贝讨论，而不要直接指出小贝的不足或者让小贝听话就行。

2. 模拟社交场景

家长可以在家中模拟常见的社交场景，如向同学请教问题、参加学校活动等，帮助小贝练习如何与人交流，增强他在真实环境中的应对能力。在这个游戏中，还可以让小贝扮演不同的角色，如老师、其他同学等，以提高他理解和共情别人的能力。

3. 教授基本的社交礼仪和沟通技巧

父母可以向小贝解释并演示基本的社交礼仪，如打招呼、道谢、道歉等，这有助于他在社交场合表现得更加得体。父母还可以跟小贝练习基础的沟通技巧，如倾听、表达自己的想法和感受，以及用积极的方式回应他人。

4. 为孩子组织适合的社交活动

父母可以为小贝搭建与同龄人交往的平台，比如约小贝的同学、好朋友聚餐，邀请他的朋友到家里来玩，还可以鼓励小贝参加兴趣小组、俱乐部或运动队等，这也是锻炼社交能力的好方法。如果孩子的社交能力慢慢提升了，父母还可以引导孩子参加社交活动，如家庭聚会、社区活动等，让孩子有机会接触不同年龄层的人，从而培养他们的社交能力。

这些活动中，最重要的就是肯定和鼓励。记住，孩子的每一点进步都值得庆祝，持续的鼓励是孩子迈出社交第一步的关键。

孩子被同学议论或孤立，算是校园霸凌吗？

小明是一名初二的学生，他性格内向、温和，平时不善言辞。近段时间，他被班上的几位同学孤立和排挤。这些同学经常在背后说他坏话，嘲笑他的穿着和言行，甚至在班级群里发布关于他的不实言论。小明感到很痛苦，但他不敢告诉老师或家长，因为他觉得没用，还可能让事情变得更糟糕。后来，他因为不想面对同学而开始拒绝回学校。父母在多方了解后才得知小明的遭遇。他们想知道：小明的这种情况是孩子之间的小打小闹还是校园霸凌？如果是校园霸凌，应该怎么应对呢？

孩子之间因为长期相处，难免会有冲突。我们要区分冲突与霸凌，避免不必要的上纲上线。都柏林城市大学国家反霸凌中心主任詹姆斯·奥希金斯·诺曼博士指出，霸凌通常是拥有更大权力的人对弱小者实施的反复攻击行为。这种行为往往是

你就是孩子最好的"心理医生"

故意和有预谋的，并且可能持续很长时间。下面是区分冲突和霸凌的关键点。

1．定义与性质

冲突：通常是指双方因意见、利益或偏好等方面的不同而产生的矛盾。这是一种平等的互动，可能涉及不同的观点或目标的分歧。

霸凌：是指一种有意的、不公平的行为，其中一方试图通过控制、伤害或恐吓来对另一方施压。它通常涉及权力或力量的不平衡。

2．互动模式与动机

冲突中的互动往往是双向的，参与者之间存在相互的交流和互动，旨在解决问题或达成共识。

霸凌则往往是单向的，施加者试图通过权力或威胁来控制受害者，而受害者通常处于被动和无力的状态。

3．持续性与影响

冲突可能是暂时的，一旦问题得到解决，关系往往会恢复正常。霸凌行为可能是持续的，对受害者造成心理和身体上的长期伤害。

4．行为表现

冲突可能表现为争论、辩论或不同的意见表达。霸凌则可能伴随恐吓、羞辱或身体伤害等行为。

5. 参与者的感受与反应

在冲突中，双方可能都会感到不满或受挫，但通常能够保持理性和尊重。在霸凌的情况下，受害者往往会感到恐惧、无助和孤立。

对照上述定义，小明同学所遭遇的行为已经属于校园霸凌了。这种无形的霸凌会对受害学生的身心健康造成严重影响，甚至会让受害学生因此厌学、退学，所以不容忽视。

你就是孩子最好的"心理医生"

家长如何帮助孩子应对校园霸凌?

孩子遭遇校园霸凌,家长可以采取以下应对方法。

1. 了解事件和孩子的感受

当我们发现孩子变得沉默、不开心之后,要想办法跟孩子沟通,了解孩子在学校或生活中遇到的问题。如果孩子不主动说,我们可以通过封闭的问题来引导,比如问孩子:"你是在学校遇到不开心的事情了吗?是什么原因导致你不开心呢?"如果孩子还是不说,我们可以通过老师和其他同学来了解情况。

在了解事件之后,我们还需要了解孩子的感受。尤其要注意的是,在孩子表达期间,我们尽量避免说教或者批评孩子,比如说孩子太敏感、没有胆量、要想开一点等。在这个过程中,我们可以用孩子的原话来表达共情,让孩子充分表达自己的感受和情绪。

2．角色扮演与模拟练习

我们除了帮助孩子解决问题外，还应当提高孩子应对霸凌的能力。我们可以采取事先策划演练的方式，通过模拟各种可能的场景，让孩子在安全的环境中体验和学习如何应对冲突和霸凌。这种实践性的学习方式不仅能够帮助孩子更好地理解和掌握应对策略，还能提升孩子的应变能力和自信心。

我们还可以让孩子参加一些自我防御类的课程或训练，如武术、跆拳道等，以提高孩子的身体素质和自我保护能力。

3．培养孩子的自信心和社交能力

我们可以多提供社交机会，比如约孩子的同学或亲戚朋友一起，让孩子习惯并懂得如何跟别人相处。这样做会在无形中提高孩子的沟通能力，让孩子更容易在学校交到朋友，减少被霸凌的风险。

4．与学校老师保持密切联系

定期与学校老师沟通，了解孩子在学校的表现，和老师共同采取措施，保护孩子的权益和安全。

如果这些方法都试过，但孩子还是无法从被霸凌的阴影中走出来，那就需要带孩子去找专业的心理医生进行疗愈了。

此外，那些霸凌别人的孩子（即霸凌者）虽然很可恨，但常常也是需要帮助的对象。帮助他们成长，也是反霸凌的重要措施。

霸凌者的暴力行为可能是通过观察学习获得的。例如，孩

你就是孩子最好的"心理医生"

子可能是看了暴力影片或玩了暴力游戏后习得了这些行为。此外，也可能是家庭中有人采取暴力行为，孩子长期耳濡目染就习得了这种行为模式。所以，霸凌者的家长要避免使用暴力，以免孩子模仿；要减少孩子接触暴力影片的机会。

有些霸凌者可能并不完全明白他们的行为对他人意味着什么。比如，有时孩子喜欢三五成群议论别人，他们可能觉得自己就是无聊时说说八卦而已，没有意识到这种行为可能就是语言霸凌。因此，我们可以用角色扮演等方法，让霸凌者体会被霸凌的感受，提高同理心，这样才能减少这种他们在无意识中实施的霸凌行为。

还有些霸凌者，其实他们也是家庭、社会的受害者，存在各种各样的心理问题。他们内心可能充满了愤怒、绝望，但又无法宣泄。他们把这种不良情绪转化成对别人的攻击。这部分孩子也需要专业的心理医生来诊断和治疗。家长如果发现自己的孩子霸凌别人，不能只打骂或教育孩子，而是要及时带孩子就诊，帮助孩子解决心理问题。

总之，霸凌与被霸凌没有赢家。在这场悲剧中，伤害是双向的，痛苦也是共通的。

孩子特立独行、不善于与人合作，怎么办？

人生旅程就像《西游记》一样，要想取得真经、修成正果，就需要团队合作。如果单打独斗，即使是有三头六臂、十八般武艺的孙悟空，也无法取得好的结果。孩子长大之后，在工作和家庭生活中，队友的理解和支持至关重要。如果孩子特立独行、不善于与人合作该怎么办？

小红是个活泼可爱的女孩，学习成绩也不错，但在团队合作中却经常出现问题。比如，班级最近组织了一次社会实践活动，要求同学们分组进行社区调研。小红被分到了一个五人小组，大家需要共同完成调研任务。活动开始后，小红很快发现自己与团队成员在合作上出现了摩擦。她习惯于独自行动，不太愿意与他人分享自己的想法和资源，也不善于听取他人的建议。这导致团队内部沟通不畅，工作进度受阻。其他成员开始对她不满，甚至有人提出要重新分组。小红很郁闷，家长也不

你就是孩子最好的"心理医生"

知道该怎么帮助孩子。

那么家长应该如何培养孩子的团队合作精神呢？下面是具体的建议。

1. 角色扮演

小红的父母可以在家里尝试进行角色扮演，让小红体验团队中不同角色的功能和感受，如带领的同学、调研的同学、居委会工作人员、老师等。小红通过这个游戏，能够知道自己的特立独行确实会让其他同学感到不愉快，需要跟同学多沟通、多协调。

2. 野外拓展活动

周末时，小红的父母可以约上几个家庭，让小红跟其他孩子一起搭帐篷、做饭、徒步等。在这个过程中，小红会深刻体会到，自己也有很多不会做的事情，没有队友将很难完成一些任务，因此会变得更尊重队友。

3. 团队故事创作

小红的父母还可以经常跟小红玩故事创作游戏。具体做法是：每个人轮流发言，分享故事的不同部分，最后整合成一个完整的故事。这个游戏可以锻炼孩子的想象力和创作能力，同时可以让孩子懂得团队中不同的人有不同的想法，正是因为有这样的不同，才让故事变得跌宕起伏、更加有趣。

4. 团体合作的具体方法

明确目标与奖励机制：了解个人对团队的预期，设定明确的团队合作目标，并建立相应的奖励机制，以强化合作行为。

模仿与榜样：提供团队合作的榜样，让孩子通过观察和学习来模仿成功的团队合作行为。

定期组织角色轮换，让孩子体验不同的角色，培养孩子全面的团队合作能力。

在团体中设置"情感分享时刻"，鼓励孩子分享自己在团队中的感受，促进情感交流。

在团体中设立"感恩环节"，鼓励孩子表达对团队成员的感激之情，营造温馨的团队氛围。

在团队活动结束后，组织孩子进行角色扮演复盘，引导孩子分析团队中的优点和不足，并提出改进建议，以促进团队持续进步。

孩子厌学，家长该怎么办？

小李是一名初二学生，他厌学，不想回学校。他说学校就像监狱，让人感觉很压抑。同学们很"卷"，他也很想学，但就是学不进去，经常坐着发呆。他经常在睡觉时惊醒，感觉两眼发黑，喘不上气，很恐惧，很难受。成绩不好或者作业没完成时，就会被老师提问或者批评，所以他经常感到很紧张。

小李出现问题后，妈妈就不再逼他学习了，只希望他能坚持上学。但小李已经对学校产生了严重的恐惧感和厌恶感，每次一回学校他就感觉浑身难受，胃痛、头痛、恶心，正常上学对他而言都是难以承受的。

小李的爸爸在外地工作，父母聚少离多。每次爸爸回家，都因为小李的问题而跟妈妈吵架。他觉得妈妈很辛苦，如果自己的成绩不好，不仅对不起妈妈，还会导致家庭不和。所以，他非常自责，目前休息在家，即使这样心情也不好。他经常把

229

自己关在房间里偷偷流泪，有时打自己，无聊时就玩手机。妈妈很担心小李，怕小李因为沉迷于手机、电脑而毁掉自己的人生。

像小李一样厌学的孩子太常见了。厌学，已被喻为中国教育的"癌症"，是全球公认的十大心理问题之首。2023年10月，中国教育学会高中教育专业委员会理事长刘长铭指出，当前教育的最大挑战即学生厌学。这一问题普遍且危害巨大，困扰着学生、家长和教师，而且没有简单的解决方法。我接触过无数个厌学的孩子，总结了解决厌学难题最重要的原则：调整认知和改善学习方法。

1. 调整认知

很多厌学的孩子，背后往往有非常"好学"的家长。

小李的妈妈希望他有好的成绩，然后可以上好的初中、好的高中，接着是上好的大学，而好的工作、好的生活、好的未来似乎就是顺理成章的事了。小李妈妈的想法代表了千千万万家长的想法。

但是没有好的成绩，孩子就真的没有希望了吗？

我从小就是传说中别人家的孩子，学习成绩一直很好，也一度是我们家、我们村，甚至我们镇的骄傲。几十年过去了，那些成绩不如我的人，现在都活得怎么样呢？他们有做生意的，通过经商致富，一年的收入顶我们好几年的收入。那些喜欢做手工的，他们也找到了发挥自己能力的领域，比如修车、做汽车真皮座椅、做厨师、做电工等。总体来说，我们都是普通人，就算有人出色一点，跟学习成绩也没有关系。

这样的例子可能每个大人都能列举出很多个。但是大人为什么不敢跟孩子说呢？是担心孩子从此开始躺平，不努力学习了吗？

如果孩子真的很佛系，他们无论是从心态还是从行为上，都可以真正躺平。其实，很多孩子是"假佛系"，他们虽然不学习了，好像选择了躺平，但内心是很焦虑的。家长以为，孩子的动力还不足，紧张还不够，便选择继续加码。这样做对孩子康复、重新站起来没有一点好处。

我们见过太多过于焦虑、很"卷"，最后因为无法达到预期而放弃的孩子。那种天生佛系的孩子真的太少了。大多数孩子和我们一样，未来最大的可能就是成为普通人。而那些过于"卷"和焦虑的孩子，却早早就变成了一个病人。还有一部分孩子，在小学和中学阶段，由于学习成绩不好，已经不再相信自己，不再相信未来了。成绩只能说明那几个科目没有学好而已！孩子的未来好不好，跟这几个科目有什么直接关联呢？

那么家长到底应该如何看待成绩，如何调整自己和孩子的心态，如何帮助孩子找到学习方法呢？

（1）认识压力曲线——过犹不及。

很多被逼迫学习的孩子，不但没有好的成绩，还出现了各种心理问题，比如焦虑，并伴有心慌、恶心等躯体不适的反应。

让人痛心的是，很多人长大了依然会经常做噩梦，梦见自己作业不会写，或者是考试还没写完就要收卷了，然后被吓醒。当然，孩子天性好玩，我们不能放任自流，适当引导和管理也很有必要。

我们首先要认识压力曲线，这样我们才能知道到底是该管还是该放。压力曲线如同一个倒立的"U"形，在适当范围内，压力对我们是有促进作用的。但是如果压力超过了临界线就会阻碍我们发挥，并且压力越大，孩子的状态就越差，甚至无法正常学习和生活，更别说取得好成绩了。

所以，当我们意识到孩子的状态出现问题时，比如孩子失眠、焦虑、各种不适、逃避学习和上学等，就说明孩子面对的压力过大。我们要做的不是加压，而是要停止管控孩子，并且帮孩子减压，这样才能帮孩子调整状态，重新回到正常的学习生活轨道。

（2）与其关注成绩本身，还不如关注如何获得好成绩。

如果学习成绩没那么重要，不会决定未来，那孩子躺平好不好？甚至孩子不上学，也会有好的未来吗？

在探讨这个问题之前，我常常会跟孩子们分享一个森林运动会的故事。

森林举办运动会，所有的动物都参加比赛。第一个赛季比赛跑步，哪种动物会赢呢？肯定是那些擅长奔跑的动物，比如马、豹子等。第二个赛季比赛游泳，这些奔跑冠军们会有什么样的结果呢？不但不会赢，还有可能被淹死。第三个赛季比赛爬树，前面的游泳冠军会怎么样呢？极可能会一败涂地。所以，森林运动会中，谁才是冠军呢？

同样的问题，也适用于人类世界：谁才是冠军呢？

行行出状元，我们很难用唯一的标准来评价一个人优秀与否。在小学、中学阶段，所有人只能通过学习规定的科目来争取好的成绩。这是单一的赛道，就像是森林运动会的第一个赛季，所有动物都要去比赛跑步一样。在这个阶段，我们虽然跑不过别人，但依然要坚持奔跑，这样做的意义在哪里？其意义就在于虽然这个阶段跑不过别人，但我们可以通过奔跑来锻炼体能、提高抗压能力等，为下一个属于自己的赛季做准备。在学校期间，无论成绩好坏，孩子坚持学习背后的两个基本素养——逆商和学习方法，就能深刻影响自己的一生。当然，如果做好这两个方面，孩子的成绩也一定会有所提升。

逆商是什么意思呢？

逆商（Adversity Quotient，AQ）是由美国心理学家保罗·斯托茨于 1995 年首次提出的概念。它是指人们面对逆境时的反应方式，即面对挫折、摆脱困境和超越困难的能力。逆商与智商（IQ）和情商（EQ）并列，共同构成人类三大商数，是评估个人成功程度的重要因素之一。

我常常跟家长们分享一个关于逆商的故事。

有一个富翁，期望将孩子培养成强者，于是花重金把孩子送到一位著名的教练那里训练。训练期满之日，富翁满怀期待地前来验收成果。然而，在对垒演练中，他的孩子却屡屡被对手打趴在地。这一幕让富翁怒火中烧，他质问教练："我花费如此巨额的资金，为何我的孩子表现得如此糟糕？"教练并未立即回应，只是示意富翁继续观看。富翁心中暗自揣测，或许孩子还隐藏着某种撒手锏尚未施展，于是耐着性子继续观察，期待着惊喜的出现。

然而，时间一分一秒过去，一个多小时的演练中，他的孩子始终未有任何出色的表现。富翁的耐心终于耗尽，他愤怒地质问教练："我花重金请你训练孩子，他为何成为一个窝囊废，如此不堪一击？"

教练反问富翁："你心目中的强者，只是战无不胜、天下无敌吗？"接着，他指出，尽管孩子被打败了三十次，但他每次都重新站起来，从不同的角度寻找进攻的机会，从未真正放弃。

教练说："真正的强者，并非永远立于不败之地，而是在于他们面对失败的态度。你的孩子不怕失败，敢于挑战，他已经具备了强者的心态。假以时日，他找到适合自己的赛道，并坚持下去，一定会成为真正的强者。"

我们如何让自己的孩子变得像富翁的孩子一样，不被挫折打趴下呢？最重要的一点是转变对结果（成绩）的看法。

爱迪生发明灯泡时失败了 1 000 多次。有记者采访他，问他

你就是孩子最好的"心理医生"

如何面对 1 000 多次失败的打击时，他很惊讶地说："不，我没有失败，我只是发现 1 000 多种材料不能用作灯丝而已。"关注过程而非一时的结果（成绩），正是爱迪生最终能够发明耐用白炽灯泡的重要原因。

很多家长和孩子会把成绩作为评判一个人优秀与否的依据。但结果（成绩）是一过性的，就像小学成绩证明不了初中，初中成绩证明不了高中，学生时代的成绩也证明不了工作后的情况一样。孩子在成绩不理想时，我们要重点引导孩子关注学习过程中做得好与不好的方面，想办法完善不足，发扬好的方面，这样孩子才能坚持学习和进步。

2. 改善学习方法

"学海无涯苦作舟"，这句话虽然广为流传，但我认为是错误的。

很多像小李一样的孩子，厌学背后的原因往往是不会学。用死记硬背、头悬梁锥刺股的方法逼迫自己，但没有任何效果。所以，孩子有多么努力，就证明自己有多失败！反复失败，导致孩子没有信心，没有希望，没有目标，没有动力，最后"溺亡"于茫茫学海。

那么，在浩瀚无垠的知识海洋中，什么可以作为我们破浪前行的"舟"呢？答案无疑是学习方法。要求高、期待高，但能力不足，往往会从心态上打败孩子和家长。在没有扎实的学习基础和好的学习方法之前，我们不能对结果要求过高。孩子成绩没有进步，甚至有所退步，我们需要分析孩子具体的学习问题，找到孩子力所能及的目标，这样才能帮助孩子走出"失败""没用"的情绪沼泽。

学习方法又涵盖了哪些关键因素呢？在我看来，它主要涵盖了孩子的自主学习能力、记忆方法、思维方法以及阅读理解方法等几个方面。

自主学习能力描绘的是孩子能够自发地、独立地识别自身的学习需求，明确学习目标，灵活地选择适合自己的学习策略，有效地监控学习过程，并最终对学习成果进行客观评估的能力。这不仅是终身学习不可或缺的基石，更是个人在面对日新月异的社会环境和挑战时，能够持续成长、不断突破自我的核心驱动力。遗憾的是，许多家长在教育子女的过程中，往往过于包办代替，忽视了培养孩子主动学习的能力。

要培养孩子的自主学习能力，我们可以这样做：

（1）尽早让孩子懂得学习是他们自己的责任，而非家长或老师的任务。

比如，我的孩子在刚上小学的时候，也存在漏写作业、马虎大意等问题。老师联系我，让我盯着孩子的作业、帮孩子检查作业，并要签名。我答应了老师，但刻意没有做。孩子因为这些问题被处罚过几次，然后他才终于明白，写作业是他自己的事情。在这个过程中，即使需要家长的参与，也是孩子安排我们帮忙，而不是我们安排孩子的事情。

（2）教会孩子合理安排时间，平衡学习与休息、娱乐之间的关系。

现在的孩子，物质需求基本得到满足，唯独最缺自由。我们可以跟孩子一起计划学习任务和时间分配，以留出足够的自由支配时间，让孩子在学习之余有很好的放松机会。人生就是马拉松，松弛有道，才能持久。

（3）鼓励孩子独立思考和解决问题。

当孩子遇到难题时，家长可以给予适当的引导和提示，但不要直接给出答案。对孩子的教育，很多家长常常是一遍不懂教两遍，甚至一直重复讲到双方都失去耐心。很多孩子其实是被教傻的。

（4）家长要虚心多问。

苏格拉底说，教育不是灌输，而是点燃火焰。学习的金字塔模型，按照学习效果从低到高的顺序，将学习方式分为七个层次。最差的学习方式是讲解／听讲，却是当前最主要的学习方式。最好的学习方式是教他人学习。而著名的费曼学习法，核心步骤也是以教代学，即通过向他人解释或教授所学知识，来检验和加深自己的理解。

我在网上看过一些报道，是关于农民如何把孩子培养成清华北大学子的事例。他们的事例，都有一个共同特点：在学习方面都靠孩子们自己努力。这些成功的经验和学习金字塔理论、费曼学习法不谋而合。所以，减少对孩子的输出，注重培养孩子的自主学习能力，更有利于孩子成才。

说到记忆方法，很多人会想到"最强大脑"这样的节目，嘉宾们的记忆力让人惊叹，但也让人觉得很难、很神奇。其实，他们经过专业训练，还有一定的表演成分。我们作为普通人，没必要去模仿他们。重要的是，我们要了解记忆的基本原则，然后找到适合自己的记忆方法。

在看了很多本关于记忆方法的书后，我总结出记忆方法的基本原则就是：材料加工，找关键词，变文字为图，然后连接图片，最后反复练习。

思维方法是一个很大很复杂的范畴。在孩子的学习过程中，主要运用的思维方法就是思维导图。运用思维导图有基本的原则，但没有唯一的正确的制作标准，因人而异最重要。思维导图可以帮助孩子搭建整体的学科架构、整理知识点、归纳重难点，主要有三种思维方式：从大到小，从小到大，平行关系。我们在与孩子进行学习任务规划时，也需要用到思维导图。比如，我们会用思维导图分析考试科目的知识点和分数分布，把有限的时间和精力放在重点知识上，提高产出率。

阅读理解能力如同人生思想的电源，能源源不断地为我们赋能，使我们在知识的海洋中航行，不断地探索、学习和成长。我们写书的过程，也需要阅读大量的资料，然后筛选、总结，再融合自己的知识经验，最后才能落笔成书。

在总结了别人的经验之后，再结合自身的阅读理解体验，

你就是孩子最好的"心理医生"

我提出了阅读"三步法"。第一步，阅读前：确定阅读的主题，搭建粗略的框架，带着问题进入阅读。第二步，阅读时：不能逐字阅读，也无须一目千行。最重要的不是眼睛的移动快慢，而是内在思想的跳跃与融合。如果我们的脑子没有相应知识储备，没有疑问，那么阅读就会很低效，并且不会转化成我们解决问题的智慧。第三步，阅读后：保持输出，这是阅读的最终目的。输出包括口头、书面等方式。我们在跟孩子说阅读的时候，常常是倒过来的：先给孩子一个分享任务，讨论相关问题，然后再去找答案。使用阅读"三步法"，可以很好地促进孩子阅读，慢慢提高孩子的理解能力。

孩子已休学在家，父母该如何应对？

如果孩子像小李一样已经休学在家，父母该如何应对呢？

休学不是退休，而是中场休息，我们还需要为了帮助孩子重回学校而做准备。我们可以从以下几方面进行调整：

（1）尽量让孩子保持生活作息规律，每天早上 7：00—8：00 定时起床，这是调整生物钟最重要的步骤。

如果孩子的生活作息规律已经完全乱了，那我们就要制订一个计划，让孩子起床的时间逐步往早上靠近，不要求一步到位。比如，孩子每天中午 12：00 才起床，那我们要先努力把孩子的起床时间提前到 11：00、10：30，一步步来。

（2）不经常谈论学习和上学的问题。

我们要先让孩子健康起来，然后才谈上学的问题。小李的妈妈说，她跟孩子聊过这个问题，孩子总是说不知道。比如，问他要不要上学，他只说不知道。我问孩子："你想上学吗？"

他说没做好准备，还不想去。所以，孩子说的不知道，并不是真的不知道，而是不想去，但又不知道怎么说。还有一层含义就是，他应该去学校的，但上学真的让他很痛苦、难以坚持，所以很矛盾。我们理解孩子的困难，并帮助孩子解决困难；了解孩子的情绪，并缓解孩子的情绪。只有这样，孩子才会慢慢找回学习的状态。

（3）发展孩子的多种兴趣爱好。

小李说，爸爸不支持自己的兴趣，比如自己喜欢陶瓷这样的传统手工艺，但爸爸很反对，认为好好读书、考个文凭最重要。我们建议小李的父母让孩子在休息时间来发展兴趣爱好。实践多了，孩子才能找到自己喜欢的事情。

家长又说，他有时候喜欢这个，有时候又喜欢那个，怎么办？其实，孩子的这种表现很正常。因为在深入接触某件事物之前，孩子可能会想得很好。做了之后，发现自己并不喜欢，只能再去寻找其他的兴趣爱好。在家长看来，这就是虎头蛇尾，三心二意。这就像谈恋爱，一开始都想象得很美好，但只有真正相处过，才知道双方是否适合，才决定要不要天长地久。孩子的成长就是在尝试和选择，不能要求孩子尝试几次就定下自己长久的兴趣和发展方向。

（4）让孩子有更多实践的机会。

与抽象的文字相比，具体的操作和观察能够让孩子更直观地理解知识，更能激发孩子的兴趣。

241

比如我的孩子学习了一个歇后语：小葱拌豆腐——一清二白，他问我什么意思。我一开始也不明白，小葱拌豆腐，不是一清一白吗？为什么是"二白"呢？后来，我们找来图片和小葱，发现小葱有绿色和白色两部分，葱白加上豆腐，就是"二白"了。

　　除了学习，还有其他社会活动，比如打工、做义工等，参加这些活动可以让孩子学会自己做出决策、承担后果，这种经历对于他们的成长至关重要。

孩子因焦虑而影响考试成绩，该怎么调整?

小风是一名高中生，他说，考试前老师会要求他们定目标，考完试就把班上倒数前十名的名单列出来。每次考试前，他都给自己定了目标，但总担心自己完不成，怕老师和家长不满意，怕自己被列入倒数名单。考试时，他非常紧张，手抖、心慌，有时耳鸣，平时会做的题都做不出来，成绩自然就下滑了。在一次考试成绩不理想后，他开始不上学了。那么父母该如何帮助孩子调整考试焦虑情绪呢?

考试焦虑是许多孩子在学业道路上难以避免的心理挑战，也是一种正常现象。我们要调整的，是过度的紧张，而不是消灭紧张情绪。具体要怎么帮助孩子调整呢?

1. 允许孩子表达焦虑

家长应首先接纳小风的焦虑情绪，鼓励他表达感受，而不是急于否定或压抑孩子的情绪。

比如，家长经常跟孩子说：不要紧张，不要有压力。这样反而让孩子更紧张、更有压力。如果家长说：考试有压力，感觉紧张，是正常的，每个人都会有这样的感受。这个就是允许孩子表达焦虑。这种倾听和共情，让小风感觉到被理解和支持，从而减轻心理负担。

考试时适当的紧张，就如同我们人体的兴奋剂，有助于我们发挥得更好。紧张就紧张，我们不用控制它，也不用选择它。我们需要做的是在紧张的同时，尽量专注于自己的考试。

2. 调整期待，注重过程

家长要调整对孩子的成绩期待，强调学习过程的重要性，减少对结果的关注。小风考试紧张，是因为对自己有过高的期待而能力又不足所造成的。这两者之间的差距越大，小风就越紧张。所以，父母培养自身的抗挫折能力，孩子才能轻松上阵。父母不执着于短期的结果，而是有更多的耐心，聚焦于孩子学习的过程，孩子才能有所突破。

就好像跳水冠军全红婵，她曾说要专注于几个关键技术，无论是在日常训练中，还是亚运会、奥运会的跳台上，都是如此。如果她的关注点在成绩，在别人的目光和评价，那就很难发挥出好的水平。只要关注并重点练习关键的过程，取得好成绩就是水到渠成的事情。

家长可以帮助小风设定适当的目标，通过达成目标来逐步建立自信。比如，父母了解到小风每科的优点、缺点在哪里，

你就是孩子最好的"心理医生"

帮助小风改进每科的缺点，帮助他每科提升一两分，这样小风的成绩就会慢慢提升。只关注结果，而不关注这些过程，只会增加焦虑，别无用处。

3. 时间规划与任务分解

考试前孩子们通常会有一段非常难熬的时间。因为熬得很辛苦，孩子希望时间赶紧过去，尽快结束这种痛苦。但矛盾的是，孩子又感觉自己还没有复习好，希望时间过得慢一点，自己有更多的时间复习。这种矛盾的心态如何把控？

父母可以帮助小风制订详细的学习计划，合理分配时间。考前复习不可能面面俱到，孩子要做的是在有限的时间内，复习好最有利于拿到好成绩的知识。

比如还有一个月就要考试了，小风一共有七门课程，平均每科复习的时间只有4天左右。每科的重点和容易提分的知识点有哪些？4天时间可以复习完哪些知识点？父母只需要帮助小风把这些选择出来的知识点复习完即可。每天踏踏实实复习，时间在不知不觉中过去，考试焦虑自然就能得到缓解。

4. 弱化练习与考试的界限

小风在平时练习中较为放松，而在考试时过于紧张。父母可以建议小风：把日常的小测验当成考试，在规定的时间内完成考试，练习自己考试答题的节奏。

考试也是讲技巧的。孩子可以借鉴那些清华北大学霸的考试技巧，但也要结合自身情况来找到自己的节奏。比如，考试时，哪些题该马上放弃，哪些题可以努力做完。考试就是要在规定的时间内，尽量把会的题都做对。其他半生不熟的题，尽量也拿到分数。那些完全不会的题，要学会放弃。有时候，考试不但是考知识，也是考心态，考孩子安排时间和取舍的能力。

如果孩子在平时的练习中，熟悉了这种考试技巧，考试就只是换了一个地方练习而已。这种练习会大大缓解小风考试时的焦虑情绪。

5. 学习放松技巧

放松技巧也包括心态调整。父母可以跟小风强调"提前准备事情，不提前准备心情"的态度：先认认真真学习考试，等结果出来，如果是好的成绩，那到时再笑；如果是差的成绩，那到时再哭也来得及。

父母还可以跟小风进行考前联想。比如，曾经有一位男士参加驾照考试，考了几次科目三都没有通过，非常焦虑。我们帮助他一遍又一遍在脑子里想象整个考试过程，画图演示，包括从到达考场开始的所有细节。到最后，他可以非常流畅地把整个考试流程都想象出来。次日考试，他很顺利地通过了。

日常的情绪调整方法主要有体育锻炼法，如散步、跑步、游泳等。父母还可以安排家庭活动时间，如看电影、野餐等，为小风提供放松和愉悦的环境。

父母还可以教小风放松技巧，如数呼吸、冥想、轻拍身体等，以便在紧张时快速调整状态。

6．建立支持网络

父母要鼓励小风与同学、老师或心理咨询师交流，分享彼此的焦虑与应对策略。父母还可以主动与老师沟通，了解孩子在学校的表现，共同为孩子提供支持。

孩子为什么总是注意力不集中呢?

小毛是一个10岁的小男孩,他对乐高积木和画画特别感兴趣,每次投入其中都能持续很长时间。然而,上课时他的专注力就明显不足,经常分心、走神。在家写作业时,没写几个字就起来喝水,小动作很多。父母教育他,他口头答应,但总坚持不了太长时间,很让人头痛。他的父母很想知道,孩子为什么总是注意力不集中呢?

导致孩子注意力不集中的因素有以下几种。

1. 生理因素

注意力可以分为被动注意和主动注意两种。被动注意是指无须意志努力,自然而然发生的注意,如被窗外的风景所吸引。而主动注意则需要个体付出意志努力,有意识地集中注意力于某个目标或任务,如专心听讲或阅读。小毛的神经系统尚未发育完全,对注意力的控制能力相对较弱,难以长时间保持专注。

你就是孩子最好的"心理医生"

不同年龄段的孩子，其注意力持续时间不同。一般来说，幼儿的主动注意持续时间较短，随着年龄的增长，主动注意逐渐增强。平均而言，5～7岁儿童能集中注意的时间约为15分钟，7～10岁儿童约为20分钟，10～12岁儿童约为25分钟，12岁以后约为30分钟。

因此，家长在引导孩子学习时，需要充分考虑孩子的年龄特点，以此来合理安排学习时间和任务，不能要求过高。

2．心理因素

注意力分散可能与孩子的心理状态有关。自信心和自我效能感对于孩子的专注力培养至关重要。当孩子对自己有信心时，他们更容易保持专注和坚持。小毛可能缺乏自信，担心自己学不好，从而在学习过程中无法集中注意力。

兴趣和动机不足也是导致注意力不集中的重要原因。如果小毛对学习任务缺乏兴趣或动机，他可能会在学习过程中感到无聊和厌倦，从而分散注意力。

3．环境因素

家庭环境对孩子的专注力有着重要影响。如果小毛的家庭环境嘈杂、混乱，缺乏安静的学习空间，他的专注力可能会受到影响。家长需要以身作则，树立良好的榜样，向孩子展示专注和坚持，让他在日常生活中受到潜移默化的影响。

学校环境也可能对小毛的专注力产生影响。如果学校的课程设置不合理、教学方法单一乏味，小毛可能会在学习过程中感到无聊和厌倦，从而分散注意力。

如何培养孩子的专注力？

像小毛一样，很多孩子在自己喜欢的事情上，比如玩水、玩沙子，能自然而然地沉浸其中，达到一种近乎忘我的专注状态，并不需要外界过多的干预和督促。遗憾的是，这种专注往往被家长视为"不务正业"或是"浪费时间"，从而打断或限制孩子。而在他们并不感兴趣甚至厌烦的学习任务上，孩子很难长时间保持专注，却被家长过高地要求集中注意力。这种要求会让孩子感到压力巨大，从而产生焦虑、烦躁等负面情绪，甚至对学习产生抵触心理。所以，对孩子专注力的培养，需要讲究策略和方法。

1. 注意力常常需要先培养，后迁移

这就好比在基地培养好花苗，然后再把它们移植到别的地方一样。我们可以从孩子感兴趣的事物入手，先培养孩子的注意力，然后再把这种专注习惯迁移到学习任务上。

你就是孩子最好的"心理医生"

下面是可能培养孩子专注力的任务类型。

（1）科学实验。

引导孩子进行简单的科学实验，如制作火山模型、探究植物生长等。在实验过程中，鼓励孩子观察、记录并思考实验现象和原理。通过实验结果的展示和分享，让孩子体验到科学探索的乐趣和成就感。

（2）艺术创作。

提供丰富的材料和工具，让孩子自由发挥想象力和创造力，进行绘画、手工制作等艺术创作活动。定期展示孩子的作品，并给予积极的反馈和建议，增强他们的自信心和创作动力。

（3）体育活动。

引导孩子参与适合其年龄和兴趣的体育活动，如踢足球、打篮球、游泳等，在运动中培养孩子的专注力。在这个过程中，不讲究输赢，让孩子感受到快乐并逐步建立自信最重要。这种自我效能感有助于提高孩子的专注力。

（4）兴趣引导。

兴趣是最好的老师。家长需要花时间，通过观察和交流，了解孩子在哪些活动上能够自然而然地保持长时间的专注。同时要尊重孩子的选择，并为孩子提供相应的支持。比如，孩子对下棋感兴趣，家长可以给孩子购买棋子，跟孩子一起学、一起下棋，预留足够的时间让孩子进行沉浸式体验，保持长时间的专注。只有在感兴趣的事情上能集中注意力了，孩子才有可能在其他事情上集中注意力。

2. 注意力的迁移

（1）创造良好的"迁移"环境。

环境对人的行为具有重要影响。父母可以为小毛提供一个安静、整洁的学习空间，避免过多的颜色、图案、玩具、摆设等，以减少外界的干扰和诱惑。

还可以设定固定的学习时间和休息时间，让小毛养成良好的学习习惯和作息规律。书桌和椅子应舒适且适合孩子的身高，以便他们能够长时间保持正确的坐姿。这种时间、地点的固定设置，有助于孩子顺利进入学习状态。

（2）设定明确、合适的目标。

根据注意力曲线模型理论：任务太简单，属于低刺激水平，孩子会感到无聊或乏力，注意力集中度会下降。而中等刺激水平（注意力专区），即任务难度不过高也不过低时，孩子的注意力容易高度集中。而高刺激水平时，任务太难，孩子会感到紧张，注意力集中度也会下降。

因此，我们可以将大任务分解为小目标，变成中等刺激水平的任务，让孩子每完成一个小目标都能获得成就感，从而保持专注。在孩子能完成简单目标后，逐渐增加任务时间和难度，这样才能让孩子保持专注力。

你就是孩子最好的"心理医生"

（3）给予鼓励与奖励。

正面反馈：当孩子专注于一项任务时，及时给予正面反馈和鼓励。

适当奖励：完成任务后，给予适当的奖励。奖励不应仅限于物质奖励，还可以包括精神层面的奖励，如允许孩子做自己喜欢的事情，从而提高完成任务目标的愉悦感。

我们还可以鼓励孩子分享自己的成功经历和感受，这对于孩子来说是一种非常有效的正向鼓励。

3．专注力训练

我们可以用专门的游戏定期对孩子进行专注力训练，比如盯点法、舒尔特训练法等。我们还可以将专注力训练融入日常生活，如大声朗读、拼图游戏、记忆游戏等，让孩子在轻松愉快的氛围中提升专注力。

4．培养孩子的注意力节奏

人在学习时，注意力是一时的，并不会一直集中注意力。我们要培养孩子把控自己的注意力节奏。比如，我们可以使用时间管理工具，如闹钟、沙漏等，让孩子在完成一个任务之后，休息一段时间再进入下一个任务。

如果孩子感觉疲乏了，不想学了，允许孩子用自己的方式来休息。与其计算孩子坐在桌子前的时间，还不如关心孩子的大脑是不是真的吸收了知识。

5. 营造良好的家庭氛围，给予孩子足够的情感支持

如果家庭氛围紧张，特别是当他们的基本需求（如食物、水、睡眠）得不到满足时，他们的注意力会被分散。此外，家庭暴力等不安全的环境也会使孩子对外界环境过于敏感，导致注意力分散。父母如果过于严苛或总是用完美标准来要求孩子，可能会使孩子陷入对完美的焦虑，反而无法专心完成任务。

最后，我想提醒家长们的是，有些孩子注意力不集中是疾病导致的，比如注意缺陷多动障碍（简称 ADHD）、抑郁症。当然，既然是疾病，就有一定的生理基础，需要专业医生的诊断，也需要在医生的指导下用药物来调整。

家长该怎么帮助孩子克服拖拉的坏习惯？

小欧是一名 10 岁的孩子，做事非常拖拉。比如，每天放学回家，他第一时间是看电视，连吃饭都要催。他吃完饭后，玩玩具、玩游戏，就是不去写作业。就算坐到桌子前，他也会先玩一会儿笔、弄一下指甲，就是不开始写作业。到睡觉时间了，父母让他去刷牙睡觉，他说一会儿再去，然后在床上跳来跳去，迟迟都不肯去刷牙。父母感觉很头痛，几乎天天因为拖延问题跟孩子发生冲突。那么家长应如何帮助孩子克服拖延的坏习惯呢？

1. 帮孩子找到做事的内在动力

我们在第三章已经详细探讨过孩子内在动力激发的策略，这对于孩子改善拖延也是非常有用的。如果孩子做事，从被管控、命令，变成自己想要去做，那拖延问题就迎刃而解了。

255

小欧对足球很感兴趣，父母说如果他完成了作业，可以自由支配剩下的时间。为了有充足的时间踢足球，小欧就会抓紧时间完成作业。

另外，小欧的父母也设置了奖励，包括做家务、学习进步等。如果小欧做好了家务、学习有进步，就能获得一定的奖金或自己想要的礼物。这些奖励也成了小欧主动做事的动力。

意义比命令本身更让孩子有做事的动力。父母定期和小欧讨论做某件事的意义，鼓励他表达自己的想法和期望，增强他的主人翁意识。经过这样的讨论，父母发现孩子其实也很有自己的思想，孩子的点子经常让他们有耳目一新的感觉。

2. 细化目标，找到"开关"

心理学家指出，将复杂的任务分解成小的、具体的步骤可以极大地增加完成任务的概率。许多人心动了，但没有行动，常常是因为他们没有找到行动的"开关"。千里之行，始于足下。但很多人一想到要行千里就觉得麻烦，产生畏难或抵触心理，很难踏出第一步。因此，细化目标有助于我们找到事情的"开关"，终止拖延现象。

比如，小欧在睡前的刷牙洗脸行为，可以细分成放下手机或玩具、到洗漱间、刷牙洗脸等步骤。同样，他的写作业行为，也可以细分成放下手机或玩具、到书桌前、打开作业、写作业等步骤。而这两种行为的第一步就是放下手机或玩具，这个就是"开关"。

3. 使用"三秒启动法"开启"滑梯效应"

在细化目标之后，我们可以使用"三秒启动法"来开启"滑梯效应"。"滑梯效应"是一个有趣的心理学现象——一个滑梯，只要你坐上去并开始往下滑，就很容易一滑到底。

"三秒启动法"也是人民阅读"五步彻底杀死拖延症"中的第一条，即当我们确定了小任务，不给自己太多思考的时间，马上"坐上滑梯"，开始行动。而只要开始行动，"滑梯效应"就会驱使你一步步把事情做完。

所以，每次妈妈在督促小欧的时候，都这样开始："小欧，该写作业了，现在放下手机或玩具。"当小欧完成这一步之后，后续的行为就更容易完成了。为了减少后续干扰，减少小欧做作业过程中分心的可能，父母还把书桌上的杂物和玩具都清理了，只留下必要的文具。

4. 设定反馈、维持动力

当孩子开始做某件事之后，常常会面临很多困惑或者干扰。比如，孩子刚开始写作业就发现有些题目不会，看到窗外小伙伴奔跑打闹很开心，不由自主就会分心走神，停止写作业。所以，我们要给孩子设定反馈机制，以增加他们维持行动的动力，减少停止的风险。反馈机制一般分为正、负两种。

正反馈可以是奖励、赞扬等，确保与孩子期望相符。比如，小欧的字写得不太好，但父母也可以表扬他："虽然总体看起来不是很好看，但笔画写得很不错哦。"

负反馈可以是限制、责任等，它们能够让孩子明白拖延的后果。比如，小欧一到周末就想去表弟家玩，父母就跟他定好一个规矩：不完成作业就不能去表弟家玩。有时候小欧没有完成作业就不能去表弟家玩，这对他来说是一种惩罚，也就是负反馈。

在孩子完成任务或出现拖延行为时，一定要及时给予相应的反馈，这样才能起到强化的作用。家长们不要小看及时反馈的作用，它是决定整个行动成败的关键。

5. 建立维持系统

我们可以让孩子参加一些兴趣小组或者社团，让他们在那里找到志同道合的朋友。比如，如果他们喜欢音乐，就让他们加入学校的乐队；如果他们喜欢运动，就让他们参加运动队；如果他们想养成阅读的习惯，就让他们和朋友一起读书、分享心得。这样，他们不仅能相互激励，激发自己的动力，还能在遇到困难时彼此支持。

我们还可以选择可视化工具，来强化小组行为的进程和对应的结果。可视化工具包括电子工具和实体工具，比如进度追踪器、可视化日程表、进度条或图表等。我们可以在学习进度追踪器上标记已完成任务、在可视化日程表上打勾等，定期检查进度，并及时反馈，肯定他们的努力和进步。

家长也是这个系统的一部分，自己要做好榜样。因为孩子们会观察我们，模仿我们。所以，我们如果想让孩子坚持锻炼，那就自己先动起来；如果想让孩子热爱学习，那就自己先拿起书本。记住，行动比言语更有力量。